2021年版

人事・労務の手帖

―with コロナ時代，組織・働き方をどうデザインしていくか―

産労総合研究所 編

はじめに

　新型コロナウイルス（COVID-19）感染拡大をきっかけに，産業社会はいま，ターニングポイントともいえる時期にさしかかっています。

　このような時には，求められる組織のあり方，人材のあり方も大きく変わっていきます。組織・働き方を再デザインしていく，新しい役目を人事担当者は担っているのです。

　2021年は，今後を見極め，方向性を決め，新しい施策づくりを試行錯誤しながらでも進めていく年となるでしょう。

　それらを検討する際に，ぜひ手元に置いて使っていただきたいと製作しましたのが，この『人事・労務の手帖（2021年版）』です。

　本書では，2020年の経済，企業・行政動向を振り返り，2021年に検討課題となりそうなテーマについて，その背景と必要な知識，考え方を，定評のある専門家の方々に解説いただきました。

　「人」を相手にする人事の仕事においては，単なる知識だけはなく，考え方も重要です。ぜひ，関心のあるところからでも構いませんので，読みながら活用いただければと思います。

　また，本書は，『賃金・労働条件総覧』（年度版）として長年発行しておりましたものを，今般の新型コロナウイルス感染拡大防止にあたって，部署に1冊ではなく，部員の方に1冊ずつ，コンパクトに，そして当社HP（最新情報・詳細情報などの紹介）と連動するように，形態および書名を大幅にリニューアルしてみなさまにお届けするものでもあります。ぜひメモ欄等に自由に書き込んでいただき，ご自身の「手帖」としてお使いいただければ幸いです。

2021年1月
㈱産労総合研究所
人事情報局

人事・労務の手帖
2021年版

contents

第I章
2020～2021年の
人事・労務をめぐる環境変化

③ 2021春闘の展望………53

労働政策研究・研修機構　リサーチフェロー　**荻野　登**

第Ⅱ章
人材マネジメントの方向性と制度変更時の実務

第Ⅲ章
テーマ別にみた人事・労務の課題

凡例

本書では，本文中に特に注記のない場合は，以下のとおり，略語を使用している。

1．法令

労基法	労働基準法
労契法	労働契約法
安衛法	労働安全衛生法
労災保険法	労働者災害補償保険法
労組法	労働組合法
パート・有期法	短時間労働者及び有期雇用労働者の雇用管理の改善等に関する法律
パート労働法	短時間労働者の雇用管理の改善等に関する法律
男女雇用機会均等法	雇用の分野における男女の均等な機会及び待遇の確保等に関する法律
高年齢者雇用安定法（高年法）	高年齢者等の雇用の安定等に関する法律
育児・介護休業法	育児休業，介護休業等育児又は家族介護を行う労働者の福祉に関する法律
障害者雇用促進法	障害者の雇用の促進等に関する法律
働き方改革関連法	働き方改革を推進するための関係法律の整備に関する法律
女性活躍推進法	女性の職業生活における活躍の推進に関する法律
労働施策総合推進法	労働施策の総合的な推進並びに労働者の雇用の安定及び職業生活の充実等に関する法律

2．告示・通達

厚労告	厚生労働省告示
基収	厚生労働省労働基準局長が疑義に答えて発する通達
基発	厚生労働省労働基準局長名で発する通達
基補発	厚生労働省労働基準局補償課長名で発する通達
地発	厚生労働省大臣官房地方課長名で発する通達

3．裁判例

地判	地方裁判所判決
地決	地方裁判所決定
地支判	地方裁判所〇〇支部判決
高判	高等裁判所判決
最一小判	最高裁判所第一小法廷判決
最二小判	最高裁判所第二小法廷判決
最三小判	最高裁判所第三小法廷判決

4．諸機関

厚労省	厚生労働省
労政審	労働政策審議会
労基署	労働基準監督署

第Ⅰ章

2020～2021年の
人事・労務をめぐる環境変化

【ダイジェスト】まずは、視野を大きく広げて、人事・労務をめぐる環境変化を把握してみよう。日本経済の行方によって人材戦略は方向づけられるが、働く側に一方的なしわ寄せがいかないよう、労働法制が整備され、労働行政が進められていく。それらを踏まえ、産業別・企業別に人事・労務のあり方を労使で議論する大きな場面として春闘がある。

MEMO

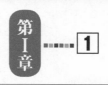

日本経済の行方，これからの人材戦略

日本総合研究所　副理事長　**山田　久**

1　2021年経済・雇用の展望

2　求められる新たな内需成長

3　求められる人材戦略

【ダイジェスト】2021年も「ウィズコロナ」の局面が続き、世界経済は持ち直すもののペースは緩やかとなる。日本経済は産業別・セクター別のばらつきを伴いつつ、緩やかな回復軌道を辿るが、感染拡大による一時的な減速も想定される。より中長期的には、企業の成長と働き手の処遇改善のためには、内需成長が重要となる。人手過剰産業から人手不足産業への出向・派遣・副業といった「シェアリング型一時就労（人材シェア）」形態の積極活用が人材戦略の柱となるだろう。

1　2021年経済・雇用の展望

(1)　パンデミックはどう収束するか

　2020年は百年来のパンデミックが発生し，文字どおり激動の１年であった。景気は落ち込み，企業業績は大幅に悪化し，雇用賃金情勢も厳しさに直面した。では，2021年はどうなるのか。厳しさが一層増すのか，明るさがみえてくるのか。この点を見通すためには，まずは新型コロナウイルス感染症の今後の展開を予想する必要がある。筆者は感染症学の専門家ではないため，正確に予見することは不可能であるが，政府の専門分科会の報

図1　わが国の感染状況の推移

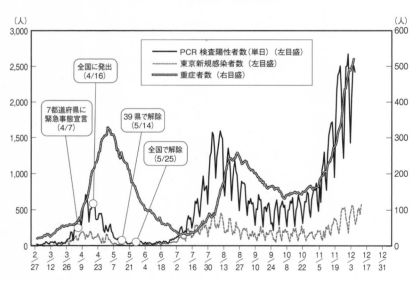

資料出所：厚生労働省（https://www.mhlw.go.jp/stf/covid-19/open-data.html），
　　　　　NHK（https://www3.nhk.or.jp/news/special/coronavirus/data/）
　　　　　日本COVID-19対策ECMOnethttps://crisis.ecmonet.jp/

告書や各種メディアの情報を総合すれば，おおむね以下のように想定することが妥当であろう。

　まず，新型コロナウイルスの毒性や感染力については，パンデミック発生当時のパニック状態で想定されたほど過度におそれるべきものではなさそうである（変異種の強毒化の可能性あり）。公共空間でのマスク着用や「3密」回避行動に十分な注意を行うことが，多くの場合，感染予防に有効なことがわかってきた。さらに，治療法が徐々にわかってきたことから，重症化する割合も抑えることができるようになっている（図1）。

　とはいえ，一部の感染者が強い感染力を持ち，無自覚の患者が他に感染させる可能性があることから，安易に元の生活様式に戻すことはできない。それは，夏のバカンスで人の移動がほぼ元の状態に戻った欧州で，ハイペースの感染再拡大が生じて入院患者が増え，医療崩壊を防ぐために都市封鎖の再導入を余儀なくされたという事態が示すとおりである。加えて，空気が乾燥する冬には飛沫が拡散しやすく，感染拡大のリスクが指摘されている。実際，わが国でも11月に入って感染者数が激増し，重症者数が第1波のピークを大幅に超え，活動制限の強化が求められる状況になった。

　一方，11月に入って米英でのワクチン開発が進み，12月に入って投与が始まっている。製薬メーカーの発表では予想以上の効果があるとされており，パンデミックを収束に向かわせることへの期待が高まっている。多くの人がワクチン接種を行えば，感染拡大のスピードは抑えられ，経済活動水準の引上げが可能になろう。ただし，感染症の流行に完全な終息をもたらすかどうかは予断を許さない。効果がどの程度持続するかは不確実で，副作用についても不透明さが残る。いずれにしても，ワクチンが効果を発揮するには，人口の相当割合が接種する必要があり，それは早くとも2021年の半ば以降になるであろう。

　結局，2021年に入っても，われわれは新型コロナウイルスの感染予防を意識しながら経済活動を行うという，「ウィズコロナ」の局面が続くと予想される。ワクチンが普及するまで，あるいは特効薬の発明や有効な治療法の確立まで，感染拡大の波は大なり小なりいくつか発生することは避け

図２　世界の鉱工業生産（除く建設）

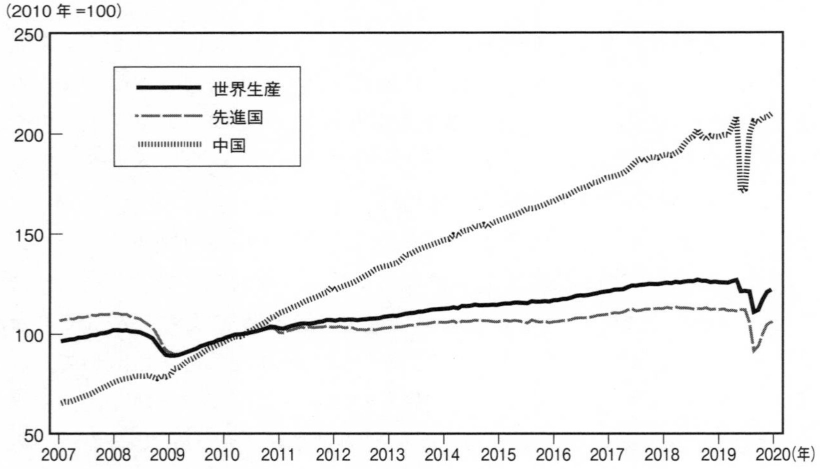
(2010 年 =100)
250
200
150
100
50
世界生産
先進国
中国
2007
2008
2009
2010
2011
2012
2013
2014
2015
2016
2017
2018
2019
2020(年)

資料出所：CPB Netherlands Bureau for Economic Policy Analysis “CPB WORLD TRADE MONITOR”

られず，それに応じて行動制限の強化を余儀なくされる可能性はなお残る。ただし，感染抑止が経済活動にかけるキャップの上限は，行きつ戻りつ段階的に上がっていくことが期待できよう。

(2) 海外経済動向

以上の感染状況を想定したうえで，2021年の日本経済の動向を展望しよう。前提として，海外経済動向からみていく。全体としてみれば，時系列的にも地理的にも感染症の流行状況と反比例する形で，爬行性やばらつきを伴いながら持ち直しに向かうだろう。国別・地域別にみれば，世界経済の回復をリードするのは中国である（**図２**）。同国は今回の感染症の発生源となり，当初はその国内経済への深刻な打撃が懸念されたが，強権国家ならではの強力な都市封鎖やデジタル技術を活用した感染予防策により，いち早く感染爆発を抑え込んだ。国家の威信にかけて経済再開を急ぎ，公共インフラや情報通信分野の投資を政策的に積み増し，2020年１～３月期

の大幅な落込みから4〜6月期以降には成長軌道に復帰した。2021年については，雇用情勢改善の遅れから個人消費の回復ペースは緩やかにとどまるが，引き続き公共インフラやデジタル分野の投資をリード役に，膨大な国内市場を開放することで対内直接投資を呼び込むことも支えとなり，堅調な景気回復軌道をたどることが予想される。

　一方，台頭する中国への警戒を隠さない世界一の経済規模を誇る米国は，経済再生の面では遅れを取ることになった。トランプ政権が感染対策を軽視した結果，新型コロナウイルスの新規感染者数は増え続け，各地で活動制限が導入された。11月の大統領選ではバイデン氏の勝利が確実になり，大統領選を控えた議会での与野党対立で遅れていた追加経済対策の調整が予想されるため，今後景気は回復モメンタムを強めていくとみられる。ワクチン開発・普及も景気回復を後押しするであろう。もっとも，感染拡大が続く下では一本調子のＶ字回復は難しく，経済活動のコロナ禍前水準の回復は2021年後半ごろとなろう。

　回復の遅れが懸念されるのが欧州である。2020年秋以降，急激な感染再拡大に見舞われ，各国が都市封鎖を含む厳しい行動制限を余儀なくされるに至っており，欧州全体での経済水準の回復は2022年中も難しいであろう。新興国をみても，国によるばらつきがあるものの，感染者数が高水準で推移している国は多く，景気の本格回復は難しい。

(3) 国内経済動向

　以上のように，2021年の世界経済は持ち直しに向かうがペースは緩やかで，経済活動も低い水準にとどまる。そうした下での日本経済の行方を展望すると，感染抑止策の継続が求められる下で，段階的な経済活動の持ち直し傾向が続く1年になるといえよう。

　第1に，中国経済が着実な成長を続けるなか，一般機械や輸送機関関連での同国向けの輸出が回復する。欧米景気も持ち直しに向かう下で，同地域向け輸出も徐々に回復傾向が定着していく。

　第2に，「Go Toキャンペーン」など景気刺激策が延長されることに加え，夏の東京五輪が規模は縮小するにしても開催されることで，個人消費

図3　わが国の生産関連指数

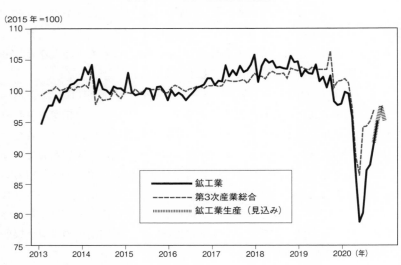

資料出所：経済産業省ホームページ

は緩やかな持ち直し傾向をたどる。オンライン販売が好調を維持するほか，リアル販売についても新しい生活様式を前提にした新たな販売サービスが生まれ，緩やかに持ち直すであろう。

　第3に，デジタルやソフトウエア関連を中心に設備投資が持ち直しに向かう。オンライン販売の好調で物流関連施設の投資も盛り上がる。もちろん，先行き不透明感が強く，設備稼働率が低い下で，機械投資は低迷を余儀なくされようが，リーマンショック後の落込みに比べれば底堅さがある。菅首相が「2050年カーボンニュートラル」を宣言したことで，グリーン関連の投資も動き出す。

　ただし，2021年中のコロナ前の経済活動水準の回復は難しく，総じてみれば不況感の根強い状況が続くことは避けられないだろう。「方向」は回復だが，「水準」はなお低く，「9割経済」あるいは「9割5分経済」というべき状況の持続を，少なくとも2021年いっぱいは想定しておく必要があるだろう（図3）。

図4　第3次産業の分野別活動状況（前年同月比増減率）

品目名称	2020年							
	2月	3月	4月	5月	6月	7月	8月	9月
第3次産業総合	▲1.1	▲5.4	▲13.5	▲17.4	▲8.3	▲8.9	▲8.5	▲9.0
電気・ガス・熱供給・水道業	1.0	▲1.5	▲3.0	▲8.1	▲3.0	▲5.8	0.6	▲2.7
情報通信業	▲0.4	1.0	0.2	▲7.8	▲4.4	▲2.8	▲6.0	▲7.8
通信業	▲0.4	0.1	▲2.1	▲5.1	▲1.4	0.9	▲1.6	▲3.4
放送業	▲4.5	▲8.3	▲14.1	▲16.3	▲17.2	▲14.0	▲9.9	▲9.2
情報サービス業	1.5	4.0	11.7	▲6.6	▲4.1	▲8.7	▲7.6	▲10.7
ソフトウェア業	2.2	3.2	22.2	▲5.3	▲0.7	2.1	▲3.8	▲11.3
受注ソフトウェア	0.0	▲3.7	▲2.4	▲8.9	▲6.2	▲6.2	▲5.8	▲14.6
ソフトウェアプロダクト	9.6	33.5	86.8	6.3	20.2	24.7	1.7	0.9
ゲームソフト	12.4	86.1	177.6	16.1	28.3	42.9	6.4	10.1
ソフトウェアプロダクト（除くゲームソフト）	7.3	11.1	39.0	▲1.0	16.0	9.4	▲3.1	▲6.4
情報処理・提供サービス業	0.3	5.5	0.1	▲8.3	▲3.3	▲4.6	▲12.6	▲9.5
インターネット附随サービス業	2.4	1.1	1.3	2.2	5.7	9.2	6.5	3.2
映像・音声・文字情報制作業	▲5.7	▲9.4	▲18.8	▲19.7	▲21.7	▲18.1	▲16.4	▲14.4
運輸業、郵便業	▲2.0	▲8.5	▲20.0	▲26.0	▲14.8	▲16.1	▲15.4	▲14.4
宅配貨物運送業	2.9	5.4	10.6	14.3	17.7	8.2	12.4	7.9
郵便業（信書便事業を含む）	▲0.5	▲7.6	▲13.7	▲9.4	▲1.3	▲10.4	▲11.7	▲8.1
旅客運送業	▲2.6	▲24.2	▲46.2	▲53.4	▲36.2	▲32.4	▲33.5	▲31.0
貨物運送業	▲2.5	0.0	▲2.6	▲8.5	▲1.8	▲6.9	▲3.5	▲5.9
卸売業	▲6.4	▲6.1	▲13.9	▲21.5	▲14.2	▲14.5	▲14.7	▲13.5
金融業、保険業	▲0.9	2.3	0.6	▲10.3	4.0	0.4	0.1	0.8
物品賃貸業（自動車賃貸業を含む）	2.1	0.5	▲1.9	▲4.5	▲2.5	▲3.4	▲3.8	▲4.2
事業者向け関連サービス	▲2.0	▲2.1	▲5.2	▲11.2	▲5.9	▲7.9	▲6.2	▲7.7
小売業	0.2	▲5.5	▲14.7	▲12.7	▲1.7	▲4.2	▲3.4	▲10.6
各種商品小売業	▲5.9	▲21.1	▲43.3	▲35.7	▲11.6	▲12.9	▲13.2	▲24.9
織物・衣服・身の回り品小売業	▲5.2	▲24.3	▲54.8	▲36.0	▲8.0	▲20.5	▲19.0	▲25.1
飲食料品小売業	2.8	1.5	1.2	3.0	4.4	2.7	2.5	2.6
自動車小売業	▲3.1	▲3.4	▲25.1	▲36.4	▲18.5	▲17.5	▲15.5	▲18.0
機械器具小売業	1.6	▲7.7	▲13.6	▲6.1	13.2	3.6	0.9	▲26.8
燃料小売業	▲1.7	▲7.1	▲15.2	▲16.7	▲4.2	▲4.3	▲1.1	▲3.5
その他の小売業（別掲を除く住関連）	2.8	▲2.6	▲5.8	▲6.1	1.7	1.0	0.7	▲8.5
医薬品・化粧品小売業	8.3	0.5	1.5	▲5.1	1.4	▲0.4	0.4	▲8.2
その他小売業	▲1.5	▲4.9	▲11.1	▲6.7	1.9	2.1	0.9	▲8.7
不動産業	0.2	▲1.2	▲6.4	▲4.2	▲0.8	▲0.6	2.6	0.1
医療、福祉	1.9	▲2.2	▲9.3	▲12.1	▲3.4	▲4.9	▲3.2	▲2.6
生活娯楽関連サービス	▲2.0	▲27.9	▲56.3	▲48.9	▲32.8	▲27.7	▲27.9	▲24.5
宿泊業	▲6.7	▲49.3	▲79.4	▲83.7	▲65.9	▲53.2	▲54.6	▲40.8
飲食店、飲食サービス業	▲0.6	▲26.1	▲58.2	▲52.6	▲30.6	▲25.7	▲28.1	▲23.5
食堂、レストラン、専門店	0.2	▲24.1	▲61.9	▲52.1	▲28.8	▲24.6	▲26.6	▲21.3
パブレストラン、居酒屋	▲7.3	▲44.2	▲91.5	▲90.1	▲60.6	▲53.3	▲59.4	▲49.3
喫茶店	▲3.0	▲25.8	▲72.8	▲67.2	▲38.5	▲34.0	▲32.7	▲28.1
ファーストフード店	9.3	▲7.2	▲15.9	▲9.4	▲12.0	▲3.9	▲3.7	▲4.8
飲食サービス業	0.3	▲21.5	▲25.7	▲29.7	▲14.2	▲9.3	▲12.5	▲15.0
洗濯・理容・美容・浴場業	▲3.5	▲26.1	▲47.0	▲29.5	▲22.6	▲23.7	▲22.7	▲21.5
その他の生活関連サービス	▲8.5	▲38.3	▲61.0	▲65.5	▲60.6	▲51.6	▲41.5	▲43.2
旅行業	▲15.8	▲69.6	▲94.9	▲97.3	▲91.4	▲84.8	▲79.7	▲68.4
冠婚葬祭業	2.5	▲16.0	▲33.3	▲39.3	▲37.5	▲27.3	▲16.4	▲26.7
娯楽業	1.0	▲33.0	▲57.4	▲59.4	▲35.0	▲27.4	▲26.4	▲25.7
学習支援業	1.6	▲4.5	▲8.6	▲8.9	▲7.5	▲8.8	▲7.5	▲6.7

資料出所：経済産業省「第3次産業活動指数」

コロナ前にとりわけ地方景気回復の推進力になったインバウンドには，当面期待できない。感染を抑制できている国・地域との人の往来は徐々に回復していくが，パンデミックの完全終息にはなお時間がかかり，水際での検査・防疫体制は避けられないため，受入人数は一定程度に抑えざるを得ない。輸出も回復に向かうが，感染抑制のために各国とも成長率が抑えられ，外需の回復も緩やかにとどまる。とりわけ，米中対立激化による両国間の取引縮小による世界貿易へのマイナス影響も無視できない。

雇用所得環境に厳しさが残ることも懸念材料である。景気が回復に向かうにしても，水準は低いままであり，低下した売上高でも利益の出る経営体質構築のため，企業には固定費削減に取り組むことを余儀なくされる。人件費も例外でなく，残業代や賞与のカットのほか，新卒採用の抑制や非正規雇用の雇止め，正社員の希望退職募集の動きが続くことが予想される。この結果，完全失業率は一段の上昇を余儀なくされるであろう。

もっとも，見落としてはならないのは，産業別・セクター別で景況感や収益状況が大きく異なることである（**図4**）。パンデミックは構造変化を加速する性質があり，二極化を生み出す重要なファクターは，デジタル化・オンライン化への対応である。国際情勢が変化し，サプライチェーンが再編されていくことの影響も重要である。

各国のコロナ禍からの回復状況に大きなばらつきがあることから，どの国どの地域との取引を行うかが回復力を左右する。さらに，経済危機で政府の関与が大きくなる一方，市場の失敗から政府に期待する役割が高まっており，政策的な後押しの下，高齢化や環境問題への対応といった社会課題解決事業が伸びていく。

一方，今回コロナ禍が直撃した個人向けサービスセクターは，安価な労働力に依存した薄利多売・低収益事業体が多くみられたこともあり，今後は大幅な縮小圧力がかかり，新たな産業のあり方の創造が求められよう。

以上のように，産業別・セクター別のばらつきを伴いつつ，2021年の日本経済は緩やかな回復軌道をたどる。ただし，そのテンポは緩やかで，経済活動はコロナ前の水準を当分下回ったままで，感染再拡大等による一時的な減速も想定しておく必要があろう。

2　求められる新たな内需成長

(1)　アフター・コロナに求められる内需成長

　より中長期の視点からみたとき，外需依存が引き続き難しいとみておくことが重要である。なぜなら，米中対立の激化が世界貿易の拡大ペースに水を差すことが懸念されるからである。そのほか，コロナ危機対応で各国が多額の国家債務を負うことになった影響が無視できない。企業債務が増加するのも避けられない流れであり，財務体質の悪化が懸念される。

　こうして官民ともにバランスシートが悪化する結果，コロナ問題が終息した後は政府の財政状況，企業の財務体質の健全化が大きな課題になる。それは，投資よりも借金返済を優先せざるを得ない状況が生まれることを意味し，その分，経済成長が抑えられる。そうなれば各国の輸入の伸びが鈍化し，それは取りも直さず各国の輸出が伸び悩むことを意味する。

　このように外需依存成長が難しいということは，企業が成長し，働き手が処遇を改善するには，内需成長の重要性が高まることを意味している。

(2)　求められる「高品質・適正価格・適正賃金」経営

　その際，人口減少に直面するわが国経済で，内需成長は可能なのかという疑問が出てくるかもしれない。だが，人口減少下でも名目成長の持続は可能である。平均販売単価を引き上げれば，数量の減少を補うことができるからである。つまり，単価の引上げを可能にする「量より質の成長」を目指し，「高品質・適正価格・適正賃金」経営が追求される必要がある。「適正価格」とは品質をきちんと価格に反映させることであり，「適正賃金」とは生産性に見合って賃金を引き上げることを意味する。

　ただし，ここで懸念されるのは，現状の危機防衛型の産業保護・雇用維持最優先の政策スタンスが長期化すれば，一部の寡占企業と多くの赤字・低収益企業が併存する「長期停滞型デフレ経済」に再び舞い戻ることである。

　もちろん，先行き不透明感が強いなか，いましばらくは産業保護・雇用維持策を継続することは必要であろう。しかし，そのなかにおいてもウィズ・コロナからアフター・コロナに向けて進む経済社会の変化の方向性を見据え，ヒト・カネを成長分野にシフトさせることが重要である。では，経済社会の変化の方向性はどのようなものか。それを踏まえて，どのような内需成長の可能性が描けるのか。

(3)　戦略的輸入代替

　まず，経済社会の変化の基軸となる方向性は「デジタル化」と「戦略的輸入代替」であろう。「デジタル化」はいうまでもなく，Eコマースやテレワークの拡大普及により，事業のデジタル化・業務のオンライン化が進むことである。一方，「戦略的輸入代替」は説明を要するだろう。すでにみたとおり，グローバル化のスローダウンは成長抑制要因になることは不可避ながら，その状況を逆手に取れば内需開拓のチャンスが生まれる。今般，コロナ禍でマスクや消毒液，防護服など，医療・衛生分野の多くを輸入に依存していた結果，いざというときの不足が大きな問題になった。感染症の専門家はパンデミックの頻発リスクを以前から指摘しており，それが現実のものとなった以上，医療・衛生分野に加えて食糧も含め，「生活安全保障財」の自給率引上げについての国民的コンセンサスが形成されていくと思われる。それは取りも直さず，この分野での国内供給力の増強が求められることを意味する。

　そのほか観光分野では，コロナ前に5兆円を上回る市場に成長したインバウンド観光需要の大幅減自体は打撃であるが，一方で2兆円を上回る規模があるアウトバウンド観光需要の多くは国内観光に転換できる可能性がある。こうした「戦略的輸入代替」の舞台は，安価な土地や豊かな自然のある地方になる可能性が高い。

(4)　大都市—地方連携・好循環の形成

　ここで，ウィズコロナからアフターコロナにつながる変化の方向性である「デジタル化」がもたらす地方再生の可能性に注目したい。それは1つ

図5　大都市部人材のテレワーク等を梃子にした大都市・地方連携・好循環の
　イメージ

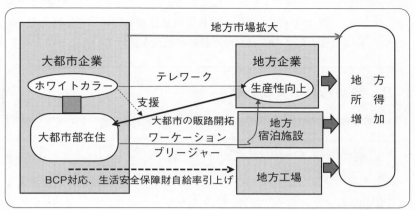

には，Eコマースの拡大により，各地域の特産品や埋もれた優良企業の部品・製品の全国各地への販路が広がることがある。もう1つは，テレワークの普及により，大都市部ホワイトカラー人材の知識やスキルを地方企業が活用できる可能性が飛躍的に高まることである。

　コロナ危機以前から，大都市部ホワイトカラーの地方企業への転職が促進されていたが，その動きは限定的であった。大都市の生活に慣れてきた人が，すべてを投げ出して地方の生活に飛び込むにはやはりハードルがあるからだ。本人はともかく，家族には抵抗が強いだろう。しかし，テレワークが普及・定着すれば，基本的には生活拠点を大都市部におきながら日常的なやり取りはオンラインを通じて行い，大方針の決定などには適宜出張し対面で行う，というハイブリッドな働き方が可能になる。そうなれば，大都市人材の地方企業による活用のハードルは一気に下がるであろう（**図5**）。

　とりわけ大企業の中高年ホワイトカラーにとって，一定の年齢を超えると内部昇進の道は断たれ，能力が十分発揮できていないと感じる人も多い。移住を伴う地方企業への転職のハードルは高いが，大都市部に住み続けながら「テレワーク＋出張」という形であれば，ハードルは大きく下がるであろう。そうした形態で，経理や総務，人事，広報，営業，商品企画など，長年働いて身に付けた専門スキルを，専門人材の不足する地方企業に提供

できれば，ウィン・ウィン関係が構築できる。こうした大都市部ホワイトカラーの持つノウハウ・スキル・人脈を活かし，地方企業がその潜在力を顕在化させ，「高品質・適正価格・適正賃金」経営企業が徐々に増えていくことで，日本全体としての内需主導成長の可能性が開けていくことになろう。

3　求められる人材戦略

(1)　雇用維持から雇用転換へ

　以上の経済状況を念頭に，2021年に考えるべき人材戦略について考えよう。2020年は文字どおり想定外の大きなショックの発生で，経済社会の崩壊を防ぐことを最優先させる必要があった。それゆえ，政府は雇用調整助成金の特例措置を拡充し，思い切った企業の資金繰り支援策を取って，企業の倒産を抑止し，雇用の維持に全力を傾けた。その効果もあり，2020年11月時点での完全失業率は2.9％と，比較的マイルドな上昇に抑えられている。

　しかし，雇用維持策は短期的には重要でも，長くなると産業構造の転換を遅らせ，経済成長力の低下を招いてしまう。2021年は，雇用維持を縮小して事業構造の転換を進め，それに対応した雇用転換の取組みを強化していくべき年といえる。その際，良好な労使関係を利点とするわが国では，米国のようなドラスティックな人員削減は極力抑え，「失業なき労働移動」を推し進めるべきである。具体的には，出向・派遣・副業といった「シェアリング型一時就労（人材シェア）」形態の積極活用である。

　これは，事業の大幅縮小で一気に人手が過剰になった産業から，人手不足にある産業・企業に人材を「レンタル」する仕組みであり，それは苦境にある産業・企業がアフター・コロナでの事業再開に備えて人材を確保しつつ，雇用維持の枠組みを保持することで，仕事のなくなった人々の生活不安を軽減できる（**図6**）。「シェアリング型一時就労」が促進されれば，異なる産業の融合が進むきっかけにもなり，アフター・コロナに向けた産業構造転換につながる可能性も展望できる。政府もその促進・普及のため

図6　「シェアリング型一時就労」の仕組み

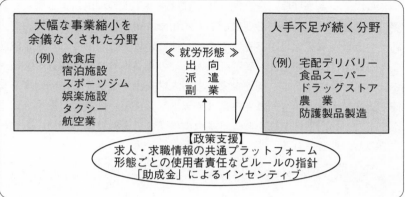

の環境整備に乗り出しており，労使がその積極的な活用を検討し，行動に移すことが望まれる。

(2)　日本流・ジョブ型雇用のあり方

　人事・評価制度の見直しも求められている。コロナ禍はテレワーク・在宅勤務を強制的に進めることになったが，生産性をむしろ下げているという指摘や，徐々に元に戻る動きがある。しかし，わが国の人口動態を勘案すると，テレワークはきわめて重要である。現役男性のみならず，女性やシニアもコア人材となる社会では，仕事と生活の両立ができる環境整備が不可欠になるからである。その意味からすると，テレワークをいかにすれば生産性引上げにつながるかを考え，人事評価制度にメスを入れるべきである。そう考えると，ジョブ型雇用の親和性が高い。なぜならば，テレワークで生産性を上げるには，職務範囲や権限が明確であることが求められるからである。

　ただし，欧米型のジョブ型雇用をそのまま導入することはできない。欧米では，熟練労働者を採用することが前提であるからだ。その意味で，産官学が連携し，企業外に実践的な職業能力が育成される仕組みを整備していくことが求められる。また，組織力やチームワークが悪化するおそれもあり，コミュニケーションやプロセス評価を重視した，あくまで日本流の

ジョブ型雇用を推進する必要がある。

さらに，ジョブ型雇用を機能させるには，事業上の理由による剰員整理が円滑に行われることが必要になる。欧州では企業横断的な職業能力認定制度や職種別賃金相場が存在するため，それが可能だが，それらが未成熟なわが国では工夫がいる。職種転換のための企業内教育の仕組みを整備するほか，グループ企業・関連企業内での人材交流を促進する出向制度を整備する必要がある。今回はさらに「シェアリング型一時就労」を広め，企業をまたぐ出向事例を増やし，日本版の失業なき労働移動の仕組みを創出することが期待される。

(3) 賃上げモメンタムの維持を

アフターコロナの持続的成長のためには，賃上げモメンタムを維持することも重要である。2021年の企業業績はなお厳しく，労使関係の悪化を避けるにはなお賞与や残業代を中心にした給与カット，休業手当（＋雇用調整助成金）による雇用維持を優先せざるを得ない企業も少なからずあろう。しかし，それはあくまで緊急避難措置と考えるべきである。

コロナ禍は長期化しているが必ず収束する。その一方で，コロナ禍は構造変化を加速し，それが収束した後の経済社会は従前とは大きく変わっている。内需成長が求められるなか，「高品質・適正価格・適正賃金」経営を実現し，持続的な賃上げのトレンドを創出することが不可欠である。これらのことを見据え，2021年には事業構造転換を進める人事施策を講じることが重要で，すでに述べたように，配置転換・出向・副業を前向きに活用すべきであり，事業ひいてはわが国経済の将来につながる人材投資を行うべきである。未曽有の危機を乗り切るべく，労使がこれまで以上に将来に向けた目線を合わせ，コロナ収束後の収益Ｖ字回復と従業員処遇改善の同時実現を，企業・従業員の共通目標として設定することが，いまこそ求められている。

プロフィール --

山田久（やまだ・ひさし）　1987年住友銀行（現・三井住友銀行）入行。1993年より㈱日本総合研究所。同研究所ビジネス戦略研究センター所長，調査部長，理事を経て，現職。著書に『賃上げ立国論』『雇用再生』『失業なき雇用流動化』等多数。

第I章 2

2020〜2021年 労働法制&労働行政の動き

北岡社会保険労務士事務所（元・労働基準監督官） 北岡 大介

1 改正労働基準法の成立・施行

2 改正高年齢者雇用安定法の動向

3 高年齢雇用継続給付の見直し

4 子の看護休暇・介護休暇の時間単位付与

5 中途採用に関する情報公表

6 パート・有期法の施行（中小企業）

7 時間外労働の上限規制の適用（中小企業）

8 パワハラ防止措置の義務化

9 改正女性活躍推進法の施行

10 改正障害者雇用促進法の施行

11 短時間労働者の社会保険適用拡大

12 副業・兼業ガイドラインと労働時間の通算規定の適用

13 パワハラに関する精神障害の労災認定基準の見直し

14 新型コロナウイルスに関する労災認定基準

【ダイジェスト】2021 年4月には、70 歳までの就労確保措置が努力義務化された改正高年法が施行される。また、中小企業については、均等・均衡待遇にかかわるパート・有期雇用法、時間外労働の上限規制にかかわる改正労基法が適用される。2020 年に施行されたパワハラ防止法等についても、正確な理解が求められる。そのほか、2020 〜 2021 年には、コロナ禍以前からの働き方改革に関して改正・施行される労働関連法、労働行政の取組みも少なくない。

1　改正労働基準法の成立・施行

(1)　賃金請求権の消滅時効期間の延長

　2020年3月27日，国会で改正労働基準法（以下，労基法）が可決・成立し，4月1日に施行された。

　同改正法では，改正民法施行に伴い賃金債権等の時効消滅期間の見直しがなされ，賃金等請求権の消滅時効期間について「原則」として，「2年」から「5年」に，さらには付加金請求についても，同様に2年から5年に消滅時効期間が延長された。

　他方で，直ちに時効期間を5年に見直すことは労使の権利関係を不安定化させ，紛争の早期解決・未然防止に反するおそれがあるため，経過措置が設けられ，時効の消滅期間および付加金請求について，「当分の間，現行の労基法109条に規定する帳簿の保存期間に合わせて，3年間の消滅期間とすること」とされた。

　この経過措置については附則3条において，施行から5年後（※2025年以降）に施行状況等を勘案しつつ検討し，必要があると認めるときは，その結果に基づき必要な措置を講ずることとされている。

　以上のとおり，同改正によって賃金等の消滅時効が2年から3年に延びることとなったが，問題はいつの賃金請求権から当該時効延長の効果が生じるかである。これについては，附則2条において「施行日以後に支払期日が到来する労基法の規定による賃金（退職手当を除く）の請求権の時効」から新法が適用されることが明確化されている。つまり，2020年4月1日以降の賃金支払期日にかかる賃金請求権は消滅時効が「3年」となり，2020年3月末日までの支払期日にかかる賃金請求権は従前どおり「2年」のままである（付加金請求についても同様）。

　また，労基法上の権利として，賃金請求権のほか，年次有給休暇請求権があるが，年休権は発生した年のなかで取得することが想定されており，

図1　改正労基法の概要

```
1．賃金請求権の消滅時効期間の延長等
　　・賃金請求権の消滅事項について，5年に延長
　　・消滅時効期間の起算日は賃金支払日であることを明確化
　　（※）退職手当（5年），災害補償，年休等（2年）の請求権は現行を維持
2．記録の保存期間の延長
　　・賃金台帳等の保存期間について，5年に延長
　　・割増賃金未払い等にかかる付加金の請求期間について，5年に延長
3．施行日，経過措置
　　・施行日：2020年4月1日
　　・経過措置：賃金請求権の消滅時効，賃金台帳等の記録の保存期間，割増賃金
　　　　　　　　未払い等にかかる付加金の請求期間は，当分の間は3年。施行日
　　　　　　　　以降に賃金支払日が到来する賃金請求権について，新たな消滅時
　　　　　　　　効期間を適用
```

未取得分の翌年への繰越しは，制度趣旨に鑑みると本来は例外的であるため，2年のままとされた点にも留意が必要である。

(2) 記録の保存期間の延長

　また労基法109条に基づく記録の保存期間等についても，賃金請求権の消滅時効期間と同様に法令上は「5年」，ただし当分の間は「3年」に延長された。対象となる記録としては，労働者名簿，賃金台帳，タイムカード等の記録のほか，一例として以下のものがある。

・雇入れに関する書類（雇入決定関係書類，契約書等）
・賃金に関する書類（賃金決定関係書類，昇給・減給関係書類）
・そのほか労働関係に関する重要な書類（出勤簿，労使協定の協定書，始業・終業時刻など労働時間の記録に関する書類（使用者自ら始業・終業時間を記載したもの，残業命令およびその報告書ならびに労働者が自ら労働時間を記録した報告書など）

2 改正高年齢者雇用安定法の動向

(1) 概要

　2020年3月31日，国会で可決・成立した改正高年齢者雇用安定法（以下，高年法）には，70歳までの就業機会拡大にかかる規定が盛り込まれ，2021年4月1日に施行される。

　同改正では，65歳から70歳までの高年齢者就業確保措置（定年引上げ，継続雇用制度の導入，定年廃止，労使で同意したうえでの雇用以外の措置〈継続的に業務委託契約する制度，社会貢献活動に継続的に従事できる制度〉の導入のいずれか）を講ずることを企業の努力義務とするものである。

　当面，努力義務とされたが，企業には新たに取組状況の報告（高年齢者雇用状況等報告書に新たな項目の追記が求められるほか，厚生労働大臣が必要があると認める場合には助言・指導のうえ，事業主に対し，「高年齢者就業確保措置の実施に関する計画」を策定するよう求め，計画策定につき履行確保を求める仕組みが設けられた。

　さらに，2019年度の骨太の方針（第2次安倍内閣）では，「第1段階の実態の進捗を踏まえて，第2段階として，現行法のような企業名公表による担保（いわゆる義務化）のための法改正を検討する」としており，段階的に企業に対し，70歳までの高年齢者就業確保措置にかかる義務を高める方向性が示されている。

　同改正法の施行により，企業は実務対応を求められることになるが，65歳から70歳までの高年齢者就業確保措置の選択肢として示されているのが，以下の7項目である。法施行後，65歳から70歳までの社員に対し，いずれか1つの選択肢を講じることが，事業主の努力義務となる。

図2　70歳までの就業機会確保（改正高年齢者雇用安定法）

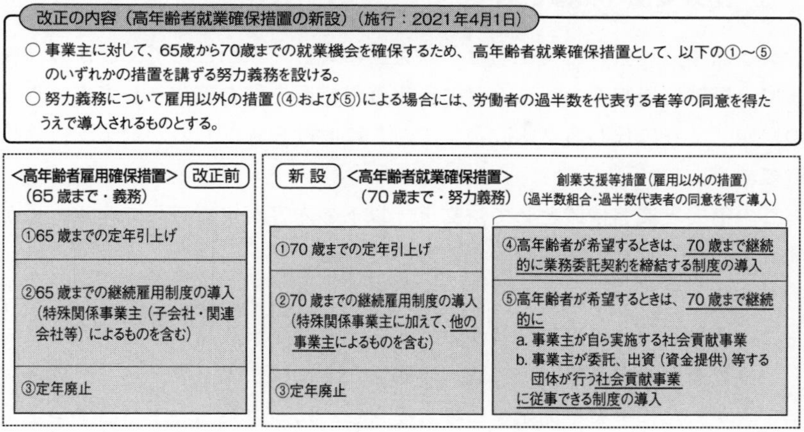

改正の内容（高年齢者就業確保措置の新設）（施行：2021年4月1日）

○ 事業主に対して、65歳から70歳までの就業機会を確保するため、高年齢者就業確保措置として、以下の①～⑤のいずれかの措置を講ずる努力義務を設ける。
○ 努力義務について雇用以外の措置（④および⑤）による場合には、労働者の過半数を代表する者等の同意を得たうえで導入されるものとする。

<高年齢者雇用確保措置> 改正前
（65歳まで・義務）

①65歳までの定年引上げ

②65歳までの継続雇用制度の導入（特殊関係事業主（子会社・関連会社等）によるものを含む）

③定年廃止

新 設 <高年齢者就業確保措置>
（70歳まで・努力義務）

①70歳までの定年引上げ

②70歳までの継続雇用制度の導入（特殊関係事業主に加えて、他の事業主によるものを含む）

③定年廃止

創業支援等措置（雇用以外の措置）
（過半数組合・過半数代表者の同意を得て導入）

④高年齢者が希望するときは、70歳まで継続的に業務委託契約を締結する制度の導入

⑤高年齢者が希望するときは、70歳まで継続的に
a. 事業主が自ら実施する社会貢献事業
b. 事業主が委託、出資（資金提供）等する団体が行う社会貢献事業
に従事できる制度の導入

資料出所：厚生労働省

①　定年廃止
②　70歳までの定年延長
③　継続雇用制度導入（現行65歳までの制度と同様，子会社・関連会社での継続雇用を含む）
④　他の企業（子会社・関連会社以外の企業）への再就職の実現
⑤　個人とのフリーランス契約への資金提供
⑥　個人の起業支援
⑦　個人の社会貢献活動参加への資金提供

　このうち①～③の選択肢は，これまでも60歳から65歳までの高年齢者雇用確保措置として定められてきた内容と同種のものだが，今回の改正で特筆すべきは，④～⑦などの創業支援等措置にかかる改正部分である。

⑵ 創業支援等措置とは

　改正高年法10条の２第１項は，事業主に対し，原則として65歳から70歳まで，継続雇用制度の導入などの雇用確保措置を努力義務として求めるものだが，これに代わる選択肢として新たに設けられたものが創業支援等措置である。

　この創業支援等措置として法文上，以下の内容が定められている。イが前記１の⑤⑥，ロが⑦に該当するものである。

> イ　その雇用する高年齢者が希望するときは，当該高年齢者が新たに事業を開始する場合（当該高年齢者が新たに法人を設立し，当該法人が新たに事業を開始する場合を含む）に，事業主が，当該事業を開始する当該高年齢者（前記設立法人を含む。以下，創業高年齢者等）との間で，当該事業にかかる委託契約その他の契約（労働契約を除き，当該委託契約その他の契約に基づき当該事業主が当該事業を開始する当該創業高年齢者等に金銭を支払うものに限る）を締結し，当該契約に基づき当該高年齢者の就業を確保する措置

> ロ　その雇用する高年齢者が希望するときは，社会貢献事業（事業主が実施または委託，必要な資金提供その他援助）について，当該事業を実施する者が，当該高年齢者との間で，当該事業にかかる委託契約その他の契約（労働契約を除き，当該委託契約その他の契約に基づき当該事業を実施する者が当該高年齢者に金銭を支払うものに限る）を締結し，当該契約に基づき当該高年齢者の就業を確保する措置

　前記イ，ロについては，まず「当該高年齢者が希望するとき」としており，何よりも労働者本人の主体性を前提としている。また，事業主等が当該高年齢者を「雇用」するものではなく，65歳以上の社員がフリーラン

サーまたは新規法人による起業，あるいは事業主が支援する社会貢献事業に携わる場合等に，当該事業主等と同人が業務委託契約等を締結することをもって，事業主による「高年齢者就業確保措置」が講じられたとする。

　委託等の対価として一定の金銭が支払われることを求めており，無償（ボランティア）では事業主が当該措置を講じたことにならない点にも，注意を要する。

(3)　実施計画策定と周知の必要性

　上記創業支援等措置を講じる際，労働者本人の希望を要するのは前記のとおりだが，今回の改正法では，「雇用ではない」創業支援等措置が認められる要件として，従業員過半数代表者等との間で「創業支援等措置の実施に関する計画」（以下，実施計画）の同意を課し，策定後は労働者に対する周知義務を課している。

　この実施計画には，以下の事項を定めることが求められる（要旨）。

---

① 　高年齢者就業確保措置のうち，創業支援等措置を講ずる理由
② 　委託契約等に基づいて高年齢者が従事する業務の内容
③ 　契約に基づいて高年齢者に支払う金銭に関する事項
④ 　契約を締結する頻度，納品，契約変更・終了（解除事由含む），諸経費の取扱いに関する事項
⑤ 　安全および衛生に関する事項
⑥ 　災害補償および業務外の傷病扶助に関する事項
⑦ 　事業主が委託・出資する社会貢献事業との業務委託等による場合，当該社会貢献事業を実施する法人その他の団体に関する事項
⑧ 　創業支援等措置の対象となる労働者のすべてに適用される定めをする場合においては，これに関する事項

　指針（「高年齢者就業確保措置の実施及び運用に関する指針」令2.10.30厚労告351号）（★1）では，この実施計画を定めるにあたり，以下の点等に留意することを求めている。

① 業務の内容については，高年齢者のニーズを踏まえるとともに，高年齢者の知識・経験・能力等を考慮したうえで決定し，契約内容の一方的な決定や不当な契約条件の押しつけにならないようにすること

② 高年齢者に支払う金銭については，業務の内容や当該業務の遂行に必要な知識・経験・能力・業務量等を考慮したものとすること。また，支払期日や支払方法についても記載し，不当な減額や支払いを遅延しないこと

③ 個々の高年齢者の希望を踏まえつつ，個々の業務の内容・難易度や業務量等を考慮し，できるだけ過大または過小にならないよう適切な業務量や頻度による契約を締結すること

④ 成果物の受領に際しては，不当な修正，やり直しの要求または受領拒否を行わないこと

⑤ 契約を変更する際には，高年齢者に支払う金銭や納期等の取扱いを含め，労使間で十分に協議を行うこと

⑥ 高年齢者の安全および衛生の確保に関して，業務内容を高齢者の能力等に配慮したものとするとともに，創業支援等措置により就業する者について，同種の業務に労働者が従事する場合における労働契約法に規定する安全配慮義務をはじめとする労働関係法令による保護の内容も勘案しつつ，当該措置を講ずる事業主が委託業務の内容・性格等に応じた適切な配慮を行うことが望ましいこと。また，業務委託に際して機械器具や原材料等を譲渡し，貸与し，または提供する場合には，当該機械器具や原材料による危害を防止するために必要な措置を講ずること。さらに，業務の内容および難易度，業務量ならびに納期等を勘案し，作業時間が過大とならないように配慮することが望ましいこと

　他方で指針では，創業支援等措置は，労働契約によらない働き方であるため，「指揮監督を行わず，業務諾否等の自由を拘束しない等，労働者性

が認められるような働き方とならないよう留意すること」としている。

　また，「委託業務に起因する事故等により被災したことを当該措置を講ずる事業主が把握した場合」には，当該事業主が当該高年齢者が被災した旨を厚生労働大臣に報告することが望ましいこと，同種災害の再発防止対策を検討する際に当該報告を活用することが望ましいこと等が明記された。

　以上の創業支援等措置の制度に基づき，個々の労働者と契約を締結する場合には，書面での契約締結と就業条件の明示，実施計画の交付を求めている。さらに指針では，「創業支援等措置による就業は労働関係法令による労働者保護が及ばないことから実施計画に記載する事項について定めるものであること及び当該措置を選択する理由を丁重に説明し，納得を得る努力をすること」を求めている。

3　高年齢雇用継続給付の見直し

　現在，高年齢者雇用を進めるうえで，労使に対し，側面から支援を行っているものが，雇用保険における高年齢雇用継続給付制度である。

　2020年3月31日，国会で改正雇用保険法が可決・成立し，高年齢雇用継続給付が2025年から段階的に引き下げられることになった。

☆

　60歳から65歳までの賃金がそれ以前と比べて大幅に減じられた場合，当該制度では一定の要件を満たした（雇用保険被保険者期間が5年以上等）者による申請に基づき，60歳時点の賃金額と比べ，各月の賃金額が61％以下の場合，同賃金額の15％，61％超75％未満に低下した場合は，低減された割合を乗じた金額が支給されている（ただし，同給付の支給限度額は36万3,359円であり，支給対象月に支払われた賃金額に当該雇用継続給付の支給額を加えた額が36万3,359円を超える場合には，36万3,359円から支給対象月に支払われた賃金の額を減じた額のみが支給）。

　同制度の趣旨目的としては，65歳までの雇用の継続を援助・促進することにあった。65歳までの雇用継続措置が定着していくなか，いったんは高

年齢雇用継続給付の「段階的な廃止」が提言されていたが，2013年法改正において，労使による選定基準を廃止し，65歳までの雇用継続措置を事業主に義務づけることとした。これを受け，2012年厚労省労働政策審議会雇用保険分科会建議は，同継続給付の広い定着状況などを理由に「当面の間は存置」させることとした経緯がある。

　これに対し，厚労省労政審職業安定分科会は，2019年12月25日，2013年改正高年法が施行後7年を経て広く定着していること，さらに，定年後再雇用者にかかる均衡処遇問題（いわゆる同一労働同一賃金）等を指摘し，「雇用継続給付としての高年齢雇用継続給付については段階的に縮小することが適当」との報告書を公表した。

　これを受けて，**改正雇用保険法では，段階的縮小のスケジュールでは2024年まで現行制度を維持のうえで，翌2025年からは給付率を最大15％から10％に引き下げることとなった。**

　また，上記報告書では，新たに60歳以上の高年齢者雇用にかかる「処遇改善に向けて先行して取り組む事業主に対する支援策とともに，同給付金の給付率の縮小後の激変緩和措置についても併せて講ずべき」とされている。

　さらに同報告書では，65歳以降の雇用継続支援についても，「雇用保険2事業を中心に，効果的に行うことができるよう，雇用安定事業に位置づけるべき」ことが示され，65歳超雇用推進助成金の拡充等が2020年4月から実施されている。

4　子の看護休暇・介護休暇の時間単位付与

　2021年1月1日から，子の看護休暇および介護休暇等の時間単位での取得が，新たに育児・介護休業法施行規則の改正によって施行されている。

　従来，子の看護休暇および介護休暇については，1日または半日単位の取得（半日単位は所定労働時間が4時間超が対象）を原則としていたが，子の健康診断や予防接種への対応または突発的な対応や介護専門職との相談などのニーズへの対応から，すべての労働者に対し，1時間単位での取得を認めることになった。

　ただし，業務の性質や実施体制に照らして1時間単位での介護休暇の取得が困難な場合については，労使協定を締結することによって，適用除外業務を設けることを認める。

　厚労省は，「子の看護休暇・介護休暇の時間単位での取得に関するQ&A」（★3）を随時改定しており，疑義事項に対し，いくつか行政見解を明らかにしている。

　たとえば，実務上，悩ましい問題として，年度途中で所定労働時間が変更となる場合の対処があるが，1日あたりの単位時間は変更後の時間数（たとえば，1日8時間から5時間に所定労働時間が変更された場合には，変更後は「5時間」），また，たとえば，3時間分の時間単位年休については，所定労働時間数の変動に比例して2時間（3時間に8分の5を乗じて比例変更，端数が生じた場合には労働者に有利なように切り上げる）とする旨の見解を示している。

　また，勤務時間が8時30分から17時（休憩12〜13時）の企業では，始業時刻から連続した4時間の看護・介護休暇を取得すると，昼休憩時間に差しかかってしまう場合があるが，上記例では「8時30分から12時」および「13時から13時30分」を合計した4時間の取得と解すべきとするものである。この場合，半日単位の休暇制度と矛盾を来す事態が生じうるが，厚労

省は時間単位と半休を併存させる場合，労働者に不利益な制度・運用とならないようにする必要があるとしている。

　たとえば，これまで半日単位の看護・介護休暇の運用にあたり，１日の所定労働時間が８時間の労働者につき，労使協定等で１日の所定労働時間数の２分の１以外の時間数（午前休に相当する３時間および午後休に相当する５時間）を「半日」と定め，午前休に相当する３時間を２回取得したときに「１日分」の看護・介護休暇を取得した取扱いとすることは，改正法施行後は時間単位での取得と比べて「２時間分」不利となり，このような取扱いは適切ではないとする。

　他方で，時間単位での取得が可能な場合，半日単位での取得を可能とする必要はないとしていることから，今回の改正を受けて，半日単位の取得制度自体を廃止するという対処も一考の余地があるだろう。

図３　子の看護休暇・介護休暇の時間単位取得

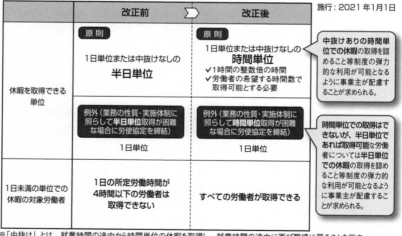

※「中抜け」とは、就業時間の途中から時間単位の休暇を取得し、就業時間の途中に再び職場に戻ることを指す。

　資料出所：厚生労働省

5　中途採用に関する情報公表

　2020年3月31日，国会で改正労働施策総合推進法が可決・成立し，2021年4月1日から，大企業に対する中途採用比率の公表が義務づけられる。同法27条の2第1項に概略，以下の規定が示されている（罰則規定はなし）。

> 　常時雇用する労働者の数が300人を超える事業主は，厚生労働省令で定めるところにより，労働者の職業選択に資するよう，雇い入れた通常の労働者及びこれに準ずる者として厚生労働省令で定める者の数に占める中途採用（新規学卒等採用者〈以下，略〉）以外の雇入をいう……）により雇い入れられた者の数の割合を定期的に公表しなければならない

　同規定案の基となった厚労省労政審職業安定分科会報告書（2019年12月25日「高年齢者の雇用・就業機会の確保及び中途採用に関する情報公表について」）によれば，「中途採用に関する情報の公表により，長期的な安定雇用の機会を中途採用者にも提供していることを明らかにすることは，職場情報を一層見える化し，中途採用を希望する労働者と企業のマッチングを促進するための情報提供の重要な柱となり得るものであり，さらには早期離職の防止にも有効」としている。

　公表項目としては，正規雇用労働者の採用者数に占める中途採用者数の割合のほか，「経年的に企業における中途採用実績の変化を把握するため，直近3事業年度の割合」も求められる。さらに同報告書では，大企業に対し，前記法定事項以外にも「自主的な公表が進むよう，中高年齢者，就職氷河期世代の中途採用比率等といった定量的な情報，中途採用に関する企業の考え方，中途採用後のキャリアパス・人材育成・処遇等といった定性的な情報の公表を支援することが適当」としている。なお，公表方法として「企業のホームページ等の利用などにより，求職者が容易に閲覧できる

方法によることが適当」としている。

6　パート・有期法の施行（中小企業）

　2018年6月29日，国会で可決・成立したパート・有期法は，大企業には2020年4月1日から施行され，中小事業主には2021年4月1日から施行される。

　同法では，まず有期雇用・短時間労働者に対する均等・均衡待遇規定が整備され，フルタイム有期契約社員に対しても均等待遇規定が直接適用されること等が明確とされた（同法9条）。

　さらに，「等しくないものの待遇においても，相応のバランスを求める」という均衡待遇の規定についても明示されている（同法8条）。

　つまり，均衡待遇規定は，以前の同種規定（パート労働法8条，労契法20条）と異なり，不合理性の判断基準として，「当該待遇の性質及び当該待遇を行う目的に照らして適切と認められるもの」であることが明確化された。あわせて，「短時間・有期雇用労働者及び派遣労働者に対する不合理な待遇の禁止等に関する指針」（平30.12.28厚労告430号）（★2）が，

図4　均等・均衡待遇規定（パート・有期法）

◆新たに有期雇用労働者も均等待遇規定の対象とする。
均衡待遇規定の明確化を図る。

　それぞれの待遇※ごとに，当該待遇の性質・目的に照らして適切と認められる事情を考慮して判断されるべき旨を明確化。
※基本給，賞与，役職手当，食事手当，福利厚生，教育訓練など

均等待遇規定・均衡待遇規定の解釈の明確化のため，ガイドライン（指針）の策定根拠を規定。

	短時間	有期
均　等	○ → ○	× → ○
均　衡	○ → ◎	○ → ◎
ガイドライン	× → ○	× → ○

×：規定なし　○：規定あり　◎：明確化

◆有期雇用労働者についても，本人の待遇内容および待遇決定に際しての考慮事項に関する説明義務を創設。

短時間労働者・有期雇用労働者・派遣労働者について，事業主に正規雇用労働者との待遇差の内容・理由等の説明義務（求めた場合）を創設。

説明を求めた場合の不利益取扱い禁止を規定。

	短時間	有期
待遇内容	○ → ○	× → ○
待遇決定に際しての考慮事項	○ → ○	× → ○
待遇差の内容・理由	× → ○	× → ○

×：規定なし　○：規定あり

資料出所：厚生労働省

同法の施行に合わせて施行されている。

　また，同法では，「待遇の相違の内容とその理由」に関する説明義務が規定されたことも重要である。上記指針では労働者から求めがあれば，まず相違の内容として，①待遇に関する基準の相違の有無とともに，②待遇の個別具体的な内容または待遇に関する基準を説明する義務が課せられる。さらに，待遇の相違の理由として，「待遇の性質及び待遇を行う目的に照らして適切と認められるものに基づき，待遇の相違の理由を説明すること」とされている。

7　時間外労働の上限規制の適用（中小企業）

　2018年6月29日，国会で可決・成立した改正労基法に規定された時間外労働の上限規制については，大企業には2020年4月1日に施行されているが，中小事業主には2021年4月1日に施行されることになる。

　中小企業のなかには，2020年度の36協定の締結・届出が2020年3月31日（期間含む）までになされた例もある。この場合，行政解釈では，改正法は2020年4月1日以後の期間のみを定めている時間外・休日労働協定について適用するものであり，2020年3月31日を含む期間を定めている時間外・休日労働協定については，1年を経過する日までの間については，従前のとおり，改正前の労基法による規制が適用される。

　法定時間外労働の上限規制としては，原則として月45時間，かつ，年360時間とされている（1年単位の変形労働時間制の場合は，上限を原則として月42時間，かつ，年320時間）。

　ただし，一時的な業務量の増加がやむを得ない特定の場合には，特別に以下の①〜④を満たすことを条件に年6回に限り，労使協定による例外を定めることが認められている。

①　時間外労働の限度の原則は，月45時間，年360時間であることに鑑み，これを上回る特例の適用は，年半分を上回らないよう，年6

回を上限とする。

② 年間は月平均60時間（年720時間）以内とする。

③ ２カ月ないし６カ月平均は「休日労働を含んで」80時間以内とする。

④ 単月は，「休日労働を含んで」100時間未満を基準とする。

　これらの基準は労基法に明記され，同上限規制に違反した場合，罰則が課されることになる

　さらに特別条項を設ける際には，36協定に月45時間を超えて時間外労働した者に対する健康・福祉確保措置内容が必要記載事項とされるとともに，新たに設けられた指針に基づき，行政官庁が使用者および労働組合等に対し，必要な助言・指導を行えることになっている。

図５　時間外労働の上限規制の導入

時間外労働の上限について、月45時間、年360時間を原則とし、臨時的な特別な事情がある場合でも年720時間、単月100時間未満（休日労働含む）、複数月平均80時間（休日労働含む）を限度に設定。

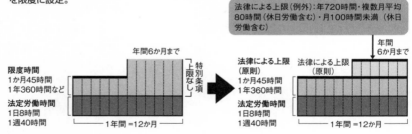

資料出所：厚生労働省

8　パワハラ防止措置の義務化

　2019年5月29日，国会で可決・成立した改正労働施策総合推進法において，パワハラに関する雇用管理上の措置等が義務づけられた。大企業には2020年6月1日に施行されており，中小企業には2022年4月1日に施行（2022年3月31日までは努力義務）される。

　同法に基づき，2020年1月15日に告示され，2020年6月1日から施行されているパワハラ指針（「事業主が職場における優越的な関係を背景とした言動に起因する問題に関して雇用管理上講ずべき措置等についての指針」〈令2.1.15厚労告5号〉）（★6）では，まずパワハラの定義として，「職場において行われる①優越的な関係を背景とした言動であって，②業務上必要かつ相当な範囲を超えたものにより，③労働者の就業環境が害されるものであり，①から③までの要素を全て満たすもの」とされた。

　そのうえで，事業主が講ずべき雇用管理上の措置等として，以下の内容を求めている。

　ア　事業主における，職場のパワーハラスメントがあってはならない
　　　旨の方針の明確化や，当該行為が確認された場合には厳正に対処す
　　　る旨の方針やその対処の内容についての就業規則等への規定，それ
　　　らの周知・啓発等の実施
　イ　相談等に適切に対応するために必要な体制の整備（本人が萎縮す
　　　るなどして相談を躊躇する例もあることに留意すべき）。
　ウ　事後の迅速，適切な対応（相談者等からの丁寧な事実確認等）
　エ　相談者・行為者等のプライバシーの保護等併せて講ずべき措置

9　改正女性活躍推進法の施行

　女性活躍推進法で策定が義務づけられている一般事業主行動計画の対象が，常用労働者301人以上から101人以上の事業主に拡大される（2022年4月施行予定）。さらに，女性の職業生活における活躍に関する情報公表義務の対象を101人以上の事業主に拡大するほか，301人以上の事業主については情報公表項目の対象拡大，情報公表に関する勧告に従わない場合における企業名公表制度などが新設されている。

　また，女性活躍に関する取組みが特に優良な事業主に対する特例認定制度「プラチナえるぼし」が創設され，2020年4月1日に施行された。

10　改正障害者雇用促進法の施行

　2019年6月7日，国会で可決・成立した改正障害者雇用促進法では，事業主に対する措置として，以下が規定され，いずれも2020年4月1日から施行されている。

---

①　短時間であれば就労可能な障害者等の雇用機会を確保するため，短時間労働者のうち週所定労働時間が一定の範囲内にある者（特定短時間労働者週10時間以上20時間未満を予定）を雇用する事業主に対して，障害者雇用納付金制度に基づく特例給付金を支給する仕組みの新設

②　障害者の雇用の促進等に関する取組みに関し，その実施状況が優良なものであること等の基準に適合する中小事業主（常用労働者300人以下）の認定

11　短時間労働者の社会保険適用拡大

　2020年5月29日，国会で可決・成立した「年金制度の機能強化のための国民年金法等の一部を改正する法律」では，今後ますます広がる多様な就労を年金制度に反映するため，社会保険の適用拡大が盛り込まれた。

　内容としては，短時間労働者適用の企業規模要件を現行の従業員数500人超から段階的に引き下げ，2022年10月に100人超規模，2024年10月に50人超規模とするものである。また，短時間労働者の社会保険適用基準についても，賃金要件（月額8.8万円以上），労働時間要件（週労働時間20時間以上），学生除外要件は現行のままとする一方，勤務期間要件（現行1年以上）を撤廃し，2カ月超の要件を新たに適用する。

　加えて，5人以上の個人事業所の適用業種に，弁護士，税理士等の士業を追加することとしている。

12　副業・兼業ガイドラインと労働時間の通算規定の適用

　厚労省は2020年9月に「副業・兼業の促進に関するガイドライン」の改定版（★13）を公表した。

　同ガイドラインでは，副業・兼業時の労働時間通算の方法につき，「副業・兼業の開始前（所定労働時間の通算）」および「副業・兼業の開始後（所定外労働時間の通算）」に分けて示している。

　前者については，「副業・兼業の開始前に，自らの事業場における所定労働時間と他の使用者の事業場における所定労働時間とを通算して，自らの事業場の労働時間制度における法定労働時間を超える部分の有無を確認する」とする。

　後者については，「自らの事業場における所定外労働時間と他の使用者の事業場における所定外労働時間とを当該所定外労働が行われる順に通算

して，自らの事業場の労働時間制度における法定労働時間を超える部分の有無を確認する」とする。

このように，所定労働時間および所定外労働時間について，双方を通算することとなるが，その把握方法については，「労働者からの申告等により把握する」とする。

そのほか，同ガイドラインでは，簡便な労働時間管理の方法として，A社・B社が労基法の労働時間規制（法定時間外労働の単月100時間未満，複数月平均80時間以内等）を遵守のうえ，あらかじめ労働時間の上限をそれぞれ設定し，A社は自らの事業場における法定外労働時間の労働について，Bは自らの事業場における労働時間の労働について，それぞれ自らの事業場における36協定の範囲内とし，割増賃金を支払うなどの例が示されている。

13　パワハラに関する精神障害の労災認定基準の見直し

厚労省は2020年5月29日付けで，「心理的負荷による精神障害の認定基準」（令2.5.29基発0529第1号）（★9）を改正した。

同改正は，同年6月1日からパワーハラスメント防止対策が法制化（改正労働施策総合推進法）されることなどを踏まえ，策定された「精神障害の労災認定の基準に関する専門検討会報告書」（2020年5月）を受けたものであり，精神障害の労災認定基準における「心理的負荷評価表」（別表1）において，パワーハラスメントに関する事案を評価対象とする「具体的出来事」などを明確化した。

まず，心理的負荷評価表の「出来事の類型」に「パワーハラスメント」を，さらに「具体的出来事」に「上司等から，身体的攻撃，精神的攻撃等のパワーハラスメントを受けた」を追加したうえで，以下の例が「強いストレスと評価される」ことを明らかにした。

以下の①〜④が認められれば，精神障害の労災認定がなされる可能性が高いということになる。

① 上司等から，治療を要する程度の暴行等の身体的攻撃を受けた場合

② 上司等から，暴行等の身体的攻撃を執拗に受けた場合

③ 上司等による，人格や人間性を否定するような，業務上明らかに必要性がない精神的攻撃が執拗に行われた場合（例として，人格や人間性を否定するような，業務上明らかに必要性がない，または業務の目的を大きく逸脱した精神的攻撃，必要以上に長時間にわたる厳しい叱責，他の労働者の面前における大声での威圧的な叱責など，態様や手段が社会通念に照らして許容される範囲を超える精神的攻撃などがあげられている）

④ 心理的負荷としては「中」程度の精神的攻撃等を受け，会社に相談しても適切な対応がなく，改善されなかった場合

　また，心理的負荷が「中」になる例として，上記①が「治療を要さない程度」の暴行等の場合，②〜③は行為が反復・継続していない場合を例示的に示した。この「中」のケースでは，その出来事のみで直ちに労災認定の対象とならないものであるが，④のとおり，セカンドパワハラともいいうる「その後に会社に相談しても適切な対応がなく，改善されなかった場合」には，心理的負荷が「強」に転じうることになる。

　また，「中」程度のパワハラ出来事の後または前に恒常的な長時間労働（月100時間程度となる時間外労働）が認められる場合には，心理的負荷の総合評価は「強」となり，労災認定の対象となりうる。

　パワハラに関連する労災申請案件が今後，急増することが見込まれるなか，上記の見直しが労災認定実務にいかなる影響を及ぼすのか，非常に注目される。

14　新型コロナウイルスに関する労災認定基準

(1)　概要

　厚労省は2020年4月28日付けで，「新型コロナウイルス感染症の労災補償における取扱いについて」（令2.4.28基補発0428第1号）（★19）を発出した。医療機関などで勤務する医師，看護師などの医療職など，対人サービス業務に従事する労働者が業務に起因して新型コロナウイルス（以下，感染症）に感染するリスクがあるところ，同感染症にかかる労災認定基準を明らかにしたものである。

　まず，国内の感染の場合として，次の①，②に該当する場合は，原則として労災認定の対象とする旨を明言した。

①　医療従事者等

　患者の診療もしくは看護の業務または介護の業務等に従事する医師，看護師，介護従事者等が新型コロナウイルスに感染した場合（業務外で感染したことが明らかである場合を除く），労災認定とする。

②　医療従事者等以外の労働者であって感染経路が特定されたもの

　感染源が業務に内在していたことが明らかに認められる場合，①の治療・介護に伴う感染は業務に内在する危険そのものであり，当然の認定基準といえる。

　また，一例として，大規模なクラスターが発生した3密状態の就労先で対人業務等に従事するなか，感染した場合などを対象とするものである。

　さらに，感染経路が特定されない場合であっても，③のとおり，労災認定されるケースもある。

③　感染経路が特定されない場合

　感染経路が特定されない場合であっても，感染リスクが相対的に高いと

考えられるア，イのような労働環境下で業務に従事していた労働者が感染したときには，業務により感染した蓋然性が高く，業務に起因したものと認められるか否かを，潜伏期間内の業務従事状況や一般生活状況を調査し，個別に業務との関連性（業務起因性）を判断する。

> ア　複数（請求人を含む）の感染者が確認された労働環境下での業務
> イ　顧客等との近接や接触の機会が多い労働環境下での業務

　まず，アについて，厚労省のQ&A(新型コロナウイルスに関するQ&A〈企業の方向け〉)（★20）をみると，請求人を含め，2人以上の感染が確認された場合を指し，請求人以外の他の労働者が感染している場合のほか，たとえば，施設利用者が感染している場合等が想定されている。他方で，同一事業場内で，複数の労働者の感染があっても，お互いに近接や接触の機会がなく，業務での関係もない場合には，これにあたらない。

　次にイの業務としては，小売業の販売業務，バス・タクシー等の運送業務，育児サービス業務等が想定されている。

　ア，イに該当しない業務であっても，感染リスクが高いと考えられる労働環境下の業務に従事していた場合には，個別に業務起因性が判断される可能性もある。

　また，海外出張労働者については，出張先国が多数の本感染症の発生国であるとして，明らかに高い感染リスクを有すると客観的に認められる場合には，出張業務に内在する危険が具現化したものか否かを，個々の事案に即して判断することとした。さらに，海外派遣特別加入者は，国内労働者に準じて判断することを明らかにしている。

(2)　認定事例

　厚労省は2020年7月，コロナウイルス感染症（COVID-19）にかかる労災認定事例を同省ホームページ上で明らかにしたが，上記ケースについて，以下の認定例を紹介している。

〈事例7　小売店販売員〉

　小売店販売員のGさんは，店頭での接客業務等に従事していたが，発熱，咳等の症状が出現したため，PCR検査を受けたところ新型コロナウイルス感染陽性と判定された。労働基準監督署において調査したところ，Gさんの感染経路は特定されなかったが，発症前14日間の業務内容については，日々数十人と接客し，商品説明等を行っていたことが認められ，感染リスクが相対的に高いと考えられる業務に従事していたものと認められた。一方，発症前14日間の私生活での外出については，日用品の買い物や散歩などで，私生活における感染のリスクは低いものと認められた。医学専門家からは，接客中の飛沫感染や接触感染が考えられるなど，当該販売員の感染は，業務により感染した蓋然性が高いものと認められるとの意見であった。

　以上の経過から，Gさんは，新型コロナウイルスに感染しており，感染経路は特定されないが，従事した業務は，顧客との近接や接触が多い労働環境下での業務と認められ，業務により感染した蓋然性が高く，業務に起因したものと判断されることから，支給決定された。

　以上のとおり，発症14日間前の業務内容および一般生活状況を調査のうえ，当該業務が顧客との近接や接触が多い労働環境下にあることをもって「業務により感染した蓋然性が高い」とし，業務上判断がなされたものである。小売店において，日々数十人の顧客との接客，商品説明をもって業務上と判断されたものであり，今後，同種事案の認定判断に際し，参照されることになる。

　2020年11月末時点において，すでに2,184件もの労災申請がなされており，そのうち1,151件の労災支給決定処分がなされている（不支給決定処分件数は同時点で31件）。申請のうち，約8割超を医療従事者等が占めているが，今後の申請・認定動向が注目される。

プロフィール --

北岡大介（きたおか・だいすけす）　1995年金沢大学法学部卒業，同年労働基準監督官任官，2000年労働省退官。同年北海道大学大学院法学研究科入学，2005年同大学大学院法学研究科博士課程単位取得退学。大手サービス業労務担当等を経て，2009年北岡社会保険労務士事務所を独立開業。著書として『同一労働同一賃金はやわかり』『働き方改革まるわかり』（日本経済新聞出版社）など多数。

2021 春闘の展望

労働政策研究・研修機構　リサーチフェロー　**荻野　登**

1　ウィズ／アフター・コロナと中長期課題の展望
- 2020 春闘と新型コロナウイルス
- 持続可能な社会のためのSDGs
- 多様な人材を「包摂」できる雇用・就業システム

2　コロナ下で着々と進展した働き方改革と直面する課題
- 進展する働き方改革
- コロナ禍の雇用への影響

3　2021 春闘の要求
- 連合は「底上げ」「底支え」「格差是正」を堅持
- 賃金は 2020 年と同水準を要求

4　2021 春闘のゆくえ
- 強まる産別自決
- 相場形成役不在のなかでの交渉へ

5　労使主体でニューノーマルのデザインを
- 職業キャリアの長期化が前提
- 求められる柔軟な制度設計

【ダイジェスト】労使の中長期的な課題としては、「持続可能な開発目標（SDGs）」がキーワードとなるだろう。そのためにも、多様な人材を「包摂」できるような雇用・就業システムの再構築が重要となる。コロナ禍で労働関係法制の改正等による働き方改革への対応が後退しがちだったが、2021 年春の労使交渉では、より重い意味合いを持つと思われる。賃上げについては、連合の要求指標は 2020 年の考え方を踏襲するものの、産別自決の傾向が強まるだろう。

1　ウィズ／アフター・コロナと中長期課題の展望

2020春闘と新型コロナウイルス

　2020年は春季労使交渉と新型コロナウイルスの感染拡大が同時進行したこともあり，労使関係をめぐる情勢も一変した。景気は後退局面にあったとはいえ，労使とも2014年から続く賃上げのモメンタム維持という基調を共有していた。そのため，一部でベースアップや賃金改善の見送りはあったものの，厚労省の主要企業の賃上げ状況調査では7年連続で2％台の賃上げを維持した（図1）。

図1　民間主要企業における1人あたり平均賃金の改定額および改定率の推移（加重平均）

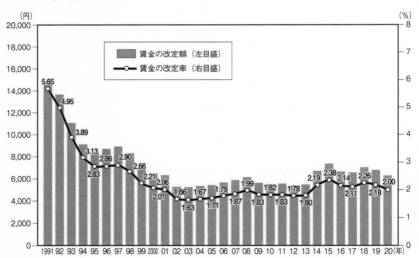

資料出所：厚生労働省「民間主要企業春季賃上げ要求・妥結状況」
（注）2003年までの主要企業の集計対象は，原則として東証または大証1部上場企業のうち，資本金20億円以上かつ従業員数1,000人以上の労働組合がある企業である（1979年以前は単純平均，1980年以降は加重平均）。2004年以降の集計対象は，原則として，資本金10億円以上かつ従業員1,000人以上の労働組合がある企業である（加重平均）。

　しかし，2020年４月７日の政府による緊急事態宣言以降，企業は感染防止と企業活動の両立，そして，雇用の維持・安定のための対応に忙殺されることとなる。新型コロナウイルスが経済に与えた影響は甚大で，４～６月期のGDPは戦後最大の下落（27.8％）を記録する。宣言解除後，２波にわたる感染拡大を経て，景気は持ち直し基調にあるものの，第３波の到来を受け，今年度末までは感染防止対策と業績回復に向けた適切なかじ取りが企業労使に求められることになるだろう。

　足元のウィズ・コロナだけにとどまるのではなく，労使には近い将来間違いなく到来するアフター・コロナへの対応，さらに構造的な中長期的課題に直面している。

持続可能な社会のためのSDGs

　その１つのキーワードとなるのが，2015年に国連が採択した「持続可能な開発目標（SDGs）」になるだろう。わが国の場合，少子高齢化の急速な進展と加速するデジタルトランスフォーメーション（DX）があり，関連する諸課題への対応を放置していたら，持続可能な社会を維持することが難しくなってきている。

　こうしたなか経団連（日本経済団体連合会）（中西宏明会長）は，11月17日に提言「。新成長戦略」を公表した。「。」から始めたのは，従来路線の成長戦略にいったん終止符を打ち，新たな戦略を示す意気込みを込めたからだという。アフター・コロナを視野に入れて，2030年の未来像を示し，経済界の新たな座標軸とする。

　提言は，新型コロナウイルスの世界的な感染拡大によって，「株主至上資本主義」の下で進行していた格差が浮き彫りになったとの指摘で始まる。そして，1980年代から続いた「新自由主義」の流れをくむ日本を含めた資本主義は「行き詰まり」をみせ，「大転換期」を迎えているという認識を示す。そのうえで，サスティナブルな資本主義を基本理念に据える。日本流の「三方よし」の経営理念を再定義・確認し，株主だけではなく，生活者，働き手などを含めたマルチステークホルダーの要請に配慮し，企業との乖離を埋めていかなければならないと強調。

その鍵となるのがデジタルトランスフォーメーション（DX）で，人間の想像力・創造力を掛け合わせて価値創造を図るSociety 5.0こそ，新たな資本主義を実現する道にほかならないとする。さらに，「働き方の変革」では，時間と空間にとらわれない柔軟な働き方の推進のほか，具体的な目標として企業役員の女性比率を2030年までに30％以上にすることを掲げた。

多様な人材を「包摂」できる雇用・就業システム

一方の連合（日本労働組合総連合会）はすでに2019年秋の定期大会で，2035年の社会を展望した新たな連合ビジョン「働くことを軸とする安心社会―まもる・つなぐ・創り出す」を確認している。このなかでは，働くうえで困難が多様化しているなか，「誰一人取り残されることのない『包摂』を理念に，『真の多様性』と『フェアワーク』の実現に向けて，連合が先頭に立って取り組んでいかなければならない」との決意を示している。

同一労働同一賃金に向けた法整備でいわゆる非正規雇用の処遇のあり方の見直しに加え，法改正により受入枠が拡大する外国人，70歳までの就業機会の確保が求められる高齢者，先進国のなかで最低レベルにある女性の管理職登用などは，企業内の労使にとって，腰を据えて取り組まなければならない課題といえる。さらに，増加するフリーランスなどの雇用類似の働き方についても，企業での活用は先端分野だけでなく，65歳以降の就業機会としても広がるだろう。

こうした多様な人材を「包摂」することができるような企業内における雇用・就業システムの再構築が，労使にとっての重要な中長期的課題となっている。

2 コロナ下で着々と進展した働き方改革と直面する課題

進展する働き方改革

2020年4月1日は労働関係法制で大きな節目となった。コロナ対策で忙

殺されていたことで，リアリティが後退していたが，時間外の上限規制を規定した労基法の改正が中小企業にも適用され，パート・有期法により同一労働同一賃金の枠組みが大企業に適用されることとなった。

さらに，コロナ禍もあり国会審議への関心が高まらないうちに成立した改正高年齢者雇用安定法では，先に触れた70歳までの就業機会の確保が2021年から努力義務化される。特に高年法については，準備期間の短さという意味からも，企業にじわじわと負担がのしかかってくる。2020年10月に相次いで下された最高裁判決は，上記の同一労働同一賃金に関する諸手当や賞与・退職金のあり方について，企業に大きな宿題を課すことになった。

働き方改革では，このほかにも副業・兼業に関するガイドラインが2020年9月に改定され，政府はその導入を後押しする。また，コロナ感染拡大で普及したテレワークに関するガイドラインの見直しも進められている。

コロナ禍の雇用への影響

こうした労働関係法制の整備への対応を検討する暇もなく，コロナ禍の影響が直撃した産業・企業では足元の雇用維持への対応が精一杯で，アパレル・飲食・ホテル等では企業倒産・廃業に追い込まれるケースが相次いだ。休廃業・解散した企業は年間5万件を突破するとみられている。コロナ禍は社会の最も脆弱な層に大きな影響を及ぼしたといわれており，特に女性・非正規雇用の就業者数は大幅に減少し，回復の兆しがない。また，企業においても，業績の悪化だけでなく事業構造の変革のために希望退職・早期退職の募集を行う企業が昨年より倍増している。

しかし，過去5％超の完全失業率を記録した2000年初めのITバブル崩壊や2008年のリーマンショック後の景気後退期に比べると，雇用情勢の悪化はなんとか歯止めがかかっているとみることもできる（2020年10月で3.1％）。これは持続化給付金，雇用調整助成金の特例措置といった政府の施策に加え，休業補償や時差出勤・テレワークの活用を絡めて，雇用維持に努めた労使の努力のたまものといえる。

さらに過去の不況期とは異なり，ある程度時間が経過すれば感染症は終

息するという見通しや期待が持ちやすいこともある。しばらくは感染症と企業体力のせめぎ合いが続くものの，その先にある景気回復を信じつつ進展するであろう2021年春の労使交渉は，賃金と雇用の維持・安定だけでなく，上記の構造的な課題に関する労使の協議が不可欠になることから，これまで以上に重い意味合いを持つことになるだろう。

3　2021春闘の要求

連合は「底上げ」「底支え」「格差是正」を堅持

　こうしたなか始まる2021春季労使交渉（春闘）は，足元の状況だけみるとマイナス要因ばかりが際立つだけに，きわめて難しい交渉になることが予想される。まず，労働側がどのような要求を組み立ててくるかが注目点となるが，ナショナルセンターの連合，相場形成役の金属労協（全国金属産業労働組合協議会／JCM）とも，要求水準だけみると2020年に準じた方針をすでに決定している。

　連合の2021春季生活闘争方針では，コロナ禍によって賃上げを巡る環境は厳しいものの，これまでの「底上げ」「底支え」「格差是正」の考え方を堅持する。賃上げ要求は昨年と同様に定期昇給相当分（2％）の確保を大前提として，ベースアップ・賃金改善分として2％程度を求める。

　業種・業態によって交渉環境の差が大きすぎるため，統一的な要求水準を打ち出すことに慎重な意見もあったが，これまでの賃上げの流れを止めることだけは避けなければならないという方針に落ち着いた。この背景には，大手が先行するパターンセッター方式ではなく，中小・非正規で自ら目指すべき賃金水準のターゲットを決め，それに到達させるための取組みが浸透してきたことがある。

　たとえば，2020年の交渉では，ベアなどの賃上げ分が明確にわかる300人未満の組合の額・率が全体平均を上回っており，総括では「大手追従・準拠」から「自らの賃金水準」を意識した取組みへの転換が前進している

ものと受け止めるとした。さらに，有期・短時間・契約等労働者の時給の引上げについても，率でみると正社員を上回る傾向がここ数年続いている。

そのため，コロナ禍にあって，社会機能を支えたいわゆるエッセンシャルワーカーや，地域経済を支える中小企業，雇用労働者の4割を占める有期・短時間・契約等労働者の処遇を「働きの価値に見合った水準」に引き上げていくためにも，分配構造の転換につながりうる賃上げに取り組む。引き続き月例賃金の絶対額の引上げにこだわり，名目賃金の最低到達水準と目標水準への到達（賃金水準の追求）により重点化する。

もう1つこうした方針の背景には，「雇用と賃金は二律背反ではない」（神津里季生会長）との考え方がある。「雇用と生活を守る」取組みを強力に推し進めつつ，今回のコロナ禍は，経営基盤やセーフティネットが脆弱な層ほど深刻な影響を受けているため，経済・社会の責任を担う政労使が，あらゆる機会を通じて対話を重ねることが重要であるとし，政労使による「社会的な対話」を要請している。

賃金は2020年と同水準を要求

こうした前提を踏まえて，具体的な賃金要求指標パッケージは前年（2020年）の考え方を踏襲する。

「底上げ」に向けては，前述の定昇相当分（2％）の確保を大前提に，2％程度の賃上げを設定。

企業規模間の「格差是正」については，「目標水準」として35歳287,000円，30歳256,000円，「最低到達水準」として35歳258,000円，30歳235,000円に，企業内最低賃金協定の時間給を1,100円以上とした。

雇用形態間の「格差是正」の「目標水準」では，①昇給ルールを導入する，②導入する場合，勤続年数で賃金カーブを描く，③水準は勤続17年相当で時給1,700円・月給280,500円以上となる制度設計を目指す。「最低到達水準」は企業規模間に準じた企業内最賃協定（時間給換算で1,100円以上）の締結とした。

「底支え」では，すべての労働者を対象にする時給1,100円以上の企業内最賃協定の締結を目指す。

4　2021春闘のゆくえ

強まる産別自決

　自動車総連（全日本自動車産業労働組合総連合会），電機連合（全日本電機・電子・情報関連産業労働組合連合会），JAM，基幹労連（日本基幹産業労働組合連合会），全電線（全日本電線関連産業労働組合連合会）の5産別労組でつくる金属労協（JCM，200万人）は2021年闘争方針で，「各産別は，3,000円以上の賃上げに取り組むことを基本としつつ，おかれている状況を踏まえて，具体的な方針を決定する」とし，2020年闘争と同じ「3,000円以上」の賃上げ要求基準額を設定したが，産別自決の傾向が強まりそうだ。

　過去5年，「3,000円以上」の要求基準を掲げてきたのは，「成果の公正な分配」を永続的に確保していくためだとし，こちらも賃上げ継続の必要性を強く訴えている。

　方針では，リーマンショック時のように金融システムが毀損する状況には至っておらず，わが国の潜在的な成長力は1％弱程度で維持されていることから，「2020年度はマイナス成長が予測され，産業動向・企業業績も厳しい状況にあるが，生活の安心・安定を確保し，大変革への積極的な対応を図り，持続的な成長を実現していくため，『人への投資』として，賃上げの流れを止めることのないよう，取り組んでいく必要がある」と構成組織の奮起を促す。

相場形成役不在のなかでの交渉へ

　2020年の闘争方針では，平均賃上げの要求基準は「3,000円以上の賃上げに取り組む」としていたが，今回は，3,000円以上を「基本」とするとし，「おかれている状況を踏まえて，具体的な方針を決定する」と書き加えた。高倉明議長（自動車総連会長）は「今次取組みの具体的方針におい

ても，賃金引き上げ額とともに，目指すべき個別（銘柄別）賃金水準を提示するので，それぞれの賃金実態を精査し，産業間・産業内における賃金水準の位置づけを明確にしたうえで，底上げ・格差是正に取り組んでほしい。各産別の具体的な要求方針については，JC共闘の闘争方針を踏まえて，それぞれの産業ごとの産業・企業の業績の動向，さらには自らの賃金水準・賃金実態を踏まえた格差是正や賃金体系の整備などにかかわる問題意識に基づき，各産別が主体的に検討を進め決定してほしい」と強調する。

　各産業ともパターンセッターと目される企業が見いだせないなか，産別・企業別要求についても自主的に設定して，それぞれ設定する個別水準到達にこだわりを持って交渉を進めてほしいとの意図が込められている。

　2020年の春闘ではパターンセッターと目されたトヨタ自動車が賃金改善ゼロで合意したことから，2021年も相場形成役不在の春闘という異例の展開を余儀なくされそうだ。しかし，それゆえ，各企業労使の主体性が試されることになる。

　賞与・一時金については，企業業績が軒並み悪化していることから，過去の不況期のように大幅な下落を余儀なくされる（**図2**）。賞与・一時金は個人消費にも直結するだけに労使交渉の落としどころは，コロナ後の景気にも大きく影響していくだろう。

5　労使主体でニューノーマルのデザインを

職業キャリアの長期化が前提

　こうした課題を列挙しただけでも労使協議・交渉の難しさは，これまで経験したことのないものになるだろう。さらに，中長期の課題を見据えると，人生100年時代が到来しようとするなか，職業キャリアの長期化を前提にしなければならない。同時進行しているのがAI等の活用によるデジタルトランスフォーメーション（DX）である。すでにRPA（Robotic Process Automation／ロボティック・プロセス・オートメーション）の

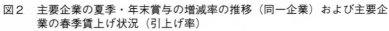

図2　主要企業の夏季・年末賞与の増減率の推移（同一企業）および主要企業の春季賃上げ状況（引上げ率）

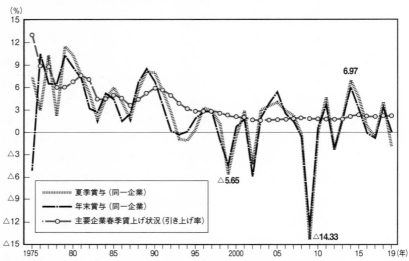

資料出所：厚生労働省「民間主要企業一時金妥結状況」「民間主要企業賃上げ要求・妥結状況」

導入などによって，金融機関では定型業務の効率化を図る動きも進んできている。

　DXの推進には社内の人材にとどまらず，AI・ITO（インフォメーション・テクノロジー・アウトソーシング）およびギグ・エコノミーといわれる外部資源の活用も欠かせなくなる。メンバーシップ型の定型業務がAI等に置き換えられると，キャリアの途中で職種転換を余儀なくされる人も増加する。高度専門業務にはジョブ型雇用および中途採用が増えるなど採用チャンネルが多様化し，高度プロフェッショナル制度の導入を検討する企業も増加しそうだ。

　加えて，雇用延長の選択肢として請負・NPOでの就業が加味され，臨時国会で成立した労働者が自ら出資して事業も手がける協同組合組織の法制化によって，新たな選択肢が付け加わった。こうした動向もあり，労働者個々人の関心はこれまでの伝統的な集団的労使関係のなかの最大課題

だった賃金・労働時間以上にキャリア形成に向かいつつある。

求められる柔軟な制度設計

　コロナ禍が去っても，国内的な成長の制約要件である少子高齢化は，女性・外国人・高齢者の活用といったダイバーシティー・マネジメントのさらなる対応強化を要請し，育児・介護・病気と就業との両立支援策も欠かせなくなる。職業人生の長期化を前提にすると，同一の制度をすべての人に適応するのではなく，個々人の事情に合わせて柔軟な制度設計にすることがますます必要になる。労働者の多様性・主体性を尊重した自律的なキャリア形成を支援することが，労使双方にとって重要な役割になる。

　コロナ後のニューノーマルをどのようにデザインするかは，労使の自主的な取組みにかかっているといっても過言ではないだろう。

プロフィール---

荻野登（おぎの・のぼる）　1982年日本労働協会入職，2003年独立行政法人労働政策研究・研修機構発足とともに調査部主任調査員，調査部長，主席統括調査員，労働政策研究所副所長を経て，2019年4月から現職。『平成「春闘」史』『65歳定年に向けた人事処遇制度の見直し実務』（共著）ほか著作・論文多数。

（豆知識）その1　春闘とは

　1～3月にかけてニュースになる「春闘」。労働組合が身近にないと，いったい何をしているのか（正確なところ），わかりにくいかもしれません。簡単にまとめてみました。

春闘：春季闘争，春季生活闘争，春季労使交渉の略。毎年春に，できるだけ多くの労働組合が産業ごとにまとまって，賃金引上げを中心に企業に統一要求し，統一回答を引き出す統一交渉のやり方。春に大手企業の賃上げが決まると，次いで中小企業，公務員，最低賃金と賃上げ相場が波及していく日本独自のシステム。1955年に始まった。
　ここ数年「官製春闘」と呼ばれていたのは，労使で行っている春闘に対し，政府が経済への影響（賃上げ→個人消費の増加）を期待して，賃上げ要請を行ったことによる。

パターンセッター：春闘において，リーディング産業がまず高めの回答を引き出し，それを波及させていくという方法を行う際の，それを担う産業別労働組合。主に金属産業（鉄鋼，造船，自動車，電機）が担ってきた。

産別：産業別労働組合の略。「産別自決」とは，最終的な交渉決定は，ナショナルセンターではなく，産業別労働組合が行うこと。

ナショナルセンター：労働組合の全国中央組織。日本には，連合（日本労働組合総連合会），全労連（全国労働組合総連合）がある。

（106頁に続く）

第Ⅱ章

人材マネジメントの方向性と
制度変更時の実務

【ダイジェスト】ここでは、ウィズコロナ、アフターコロナの時代における人材マネジメントの方向性を理解したうえで、実際に各社の方針に即して人事制度や就業規則等を変更する際に必要となる手続きと、法的な留意点を確認しておこう。

MEMO

第Ⅱ章 ------- 1

人と組織のあり方はどう変わるか

ビジネスリサーチラボ　代表取締役　**伊達　洋駆**

【ダイジェスト】COVID-19 のもたらす変化は、「成果で評価したい」「職務記述書を作りたい」という願望を生み出した。前者から公正感を高める上司・部下間のコミュニケーション、後者からは役割外行動を生み出す同僚間のコミュニケーションが、今後の人と組織をめぐる重要な論点になるということがわかる。

　人から成り立つシステムを理解する最良の方法は，それを変えてみようとすることである。これは心理学者，クルト・レヴィンの言葉だ[1]。**変化のなかで，人や組織はその実態をあらわにする。**

　今年に入り，人や組織に最も大きな変化をもたらしたのは，間違いなくCOVID-19（新型コロナウイルス感染症）である。COVID-19の拡大によって，テレワークを導入する企業が増えた。多くの仕事現場は，混乱と困惑に包まれた。

　近年まれにみる変化である。そのなかで，人や組織のあり方を再考すべきだ，という意見があがっている。それらの意見に耳を傾け，考察を深めることで，日本企業における人や組織の実態を見つめ直す。それが本稿のねらうところだ。

　本稿で特に注目するのは，「ジョブ型雇用」をめぐる議論である。詳細は後述するが，テレワークの増加に伴い，ジョブ型雇用への転換を求める声が急激に大きくなった。

　人々はなぜジョブ型雇用を求めるのか。そこには，どのような意味が含まれているのか。学術研究や組織サーベイ（従業員意識調査）の結果と照合し，それらを読み解けば，これまで私たちがよりどころにしてきた人や組織のあり方，さらには，これから私たちが考えるべき論点を提示することができるだろう。

　なお，本稿は日本経済全体を俯瞰し，政策的な提案をするものではない。組織のなかで働く人の心理や行動に焦点を当て，人材マネジメントへの含意を導き出したい。

1．金井壽宏（2011）「組織行動論におけるクリニカル・アプローチ：エドガー・H. シャインのアプローチとアクション・リサーチの一形態」神戸大学経営学研究科ディスカッションペーパーシリーズ，2011-16。

2．グラフは2020年11月28日時点で，Googleトレンドで過去5年間の「ジョブ型」に関する人気度を調べたものである。ちなみに，ジョブ型雇用に関する議論はCOVID-19の拡大以前も行われていた。ジョブ型雇用に転換すれば，報酬や仕事の柔軟性を確保でき，採用力を強化できるという議論である。たとえば，「運用会社もジョブ型雇用，ファンドマネジャー厚遇でつなぎとめ，野村系に続き，みずほ系今秋導入」（2020/09/02 日本経済新聞）や「インターンで『月給』40万円　プリファードやLINE」（2020/09/03 日本経済新聞電子版）などを参照。

1　ジョブ型雇用をめぐる議論の高まり

増えるジョブ型雇用の議論

　COVID-19は2020年，瞬く間に世界の多くの国に拡大した。3月には世界保健機関がパンデミックに相当するとの見解を出すに至った。日本でも4月に緊急事態宣言が発令され，密閉・密集・密接を回避することの大切さが繰り返し述べられている。

　こうした状況を受け，テレワークを導入する企業が増えた。オフィスに人が集まるのは感染拡大を促すおそれがあるからだ。オリンピックに向けてテレワークの準備を整えていた企業もあれば，青天の霹靂の企業もあった。

　テレワークが普及するなかで増えたのが，「ジョブ型雇用」の議論だ。検索キーワードの人気度を調べるGoogleトレンドを参照しよう（**図1**）。「ジョブ型」という語の人気度は，COVID-19の感染拡大後に明らかに高まっている[2]。

図1　「ジョブ型」という語の人気度

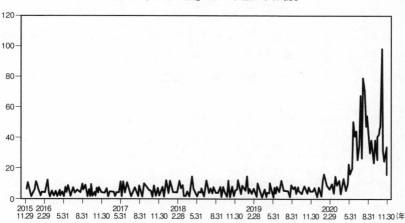

テレワークで噴出したマネジメント課題

COVID-19がテレワークを増やしたのはわかる。だがなぜ，そのことでジョブ型雇用の議論が盛上りをみせたのか。その点に疑問を感じる人もいるかもしれない。

実はジョブ型雇用は，テレワークで噴出した「マネジメント課題」を解決する案として注目を集めている。では，ここにおけるマネジメント課題とは何か。

1つは，テレワークによって部下の行動を観察することができなくなった点だ。その結果，部下がサボっていないか不安になったり[3]，部下を微に入り細に入り管理しようとしたりする上司が出てきた[4]。

もう1つは，気軽なコミュニケーションが取りにくくなった点だ。以前は気軽に行えた周囲への相談も，お互いに離れて働くテレワークでは難しい[5]。

ジョブ型雇用に対する2つの期待

行動が観察できなくなり，気軽にコミュニケーションを交わせなくなった。こうしたマネジメント課題をジョブ型雇用であれば解決できる。そのような期待が寄せられているわけだが，ジョブ型雇用への期待は2つに分けられる。

第1に，ジョブ型雇用に変えれば成果で評価できるようになるとの期待だ。そうすれば，行動を観察できなくても問題ない。

第2に，ジョブ型雇用のなかで職務記述書をつくれば，各人が自律して

3．リクルートマネジメントソリューションズ（2020）「テレワーク緊急実態調査」（最終閲覧：2020年11月25日）

　https://www.recruit-ms.co.jp/research/inquiry/0000000852/

4．松原敦（2020）「テレワークでも成果を得るマネジメント，リーダーにお勧めのチェックリスト」日経クロステック（最終閲覧：2020年11月25日）

　https://xtech.nikkei.com/atcl/nxt/column/18/01342/102200003/

5．ITトレンドスタイル「テレワークの導入で気をつけたいマネジメント 管理方法の違いや社員の悩みもご紹介」（最終閲覧：2020年11月25日）

　https://it-trend.jp/style/theme/telework/1720

働けるとの期待だ。そうすれば，気軽にコミュニケーションを取れなくても仕事は進む。

　もちろん，ジョブ型雇用は一連の仕組みを伴うシステムである。成果主義とイコールではないし[6]，職務記述書をつくればジョブ型雇用になるわけでもない[7]。

　その事実を踏まえたうえで，しかし，本稿ではCOVID-19のもたらす変化が「成果で評価したい」および「職務記述書をつくりたい」という願望を生み出した点に注目したい。そのことによって，人や組織のあり方を探索するのが本稿の目的であるからだ。

　以降，成果による評価と職務記述書の作成という論点を1つずつ掘り下げていく。

2　成果主義を望む声から人や組織の実態を考える

企業が成果主義を導入した背景

　まずは，COVID-19の影響でテレワークが進むなか，成果による評価を望むようになった点だ。成果に基づく評価という意味で，これは「成果主義」の議論と考えることができる。

　ご存じの方も多いかもしれないが，改めて定義しておくと，成果主義とは，個々人の短期的な業績に基づいて評価や処遇を行う人事システムのことである[8]。

　成果主義の議論は，COVID-19後に始まったわけではない。時はいくらか遡るが，バブル経済崩壊後から，成果主義は社会的な関心を集めるよう

6．ITメディア「第一人者が喝！『ジョブ型＝成果主義』なのか」（最終閲覧：2020年11月25日）
　https://www.itmedia.co.jp/business/articles/2010/14/news109.html
7．BizHint「名付け親が語る『ジョブ型雇用』本当の意味とは？」（最終閲覧：2020年11月25日）
　https://bizhint.jp/report/459165
8．開本浩矢（2005）「成果主義導入における従業員の公正感と行動変化」『日本労働研究雑誌』第47巻，64-74頁。

になった[9]。

特に大手電機メーカーが導入を進めたことで盛り上がり，新しい日本的経営として取り上げられた。いわゆる成果主義ブームが1990年代後半に巻き起こった。

年功度は減ったが導入に失敗した成果主義

企業が成果主義を導入する背景については，およそ次の３つの種類があった[10]。

① CM型（Crisis Management）：不況で業績不振に陥った企業が，人件費を抑制し，短期的に危機を回避すべく導入したパターン。

② NCC型（Non Clear Concept）：有名企業や競合が導入しているため，それに合わせて，さしたる目的は設けずに導入したパターン。

③ SPI型（Strategic Performance Improvement）：経営戦略を踏まえ，中長期的な視座に立って，自社なりの目的と見込みを持って導入したパターン。

これらのうち実際のところ，成果主義ブームのなかではCM型やNCC型が多く，SPI型はほとんどなかったのではないか。そう指摘する研究者もいる[11]。

確かに，人件費の抑制を目指すCM型の効果はある程度得られたとも考えられる。もとより人件費の高騰を招いているのは，勤続年数に応じて基本給が上がる年功給だとされていたが，最近の研究によれば，90年代後半から2000年代前半にかけて，企業の年功度は低下したからだ。

年功度とは，50代の賃金と20代の賃金の差を意味する。データ分析の結果，年功度は1997〜2001年から2002〜2006年にかけ，低下していることが明らかになっている[12]。

9．成果主義の経緯については次の文献を参考にしている。荻原祐二（2017）「日本における成果主義制度導入状況の経時的変化」『科学・技術研究』第6巻2号，149-158頁。

10．山本紳也（2006）「コンサルタントが見た成果主義人事の15年」『日本労働研究雑誌』第554巻，61-68頁。

11．幸田浩文（2016）「ポスト成果主義的賃金・人事処遇制度の課題と展望」『経営論集』第87巻，17-32頁。

12．年功度は実際には対数変換等を行って算出されている。神林龍（2016）「日本的雇用慣行の趨勢：サーベイ」『組織科学』第50巻2号，4-16頁。

しかし，2004年ごろから成果主義への批判が強くなった。先のCM型のように，賃金制度の見直しに焦点化する制度変更が，従業員の働きがいを下げたなどの理由で[13]，成果主義は下火になっていった。

再燃する成果主義の議論

成果主義は率直にいって，導入に成功したわけではない。人事担当者のなかには，成果主義がうまくいかなかった記憶をまだ鮮明に保持している人もいるだろう。

にもかかわらず，COVID-19の拡大を受けてテレワークが導入されるなか，再び従業員を成果によって評価したほうがよいという機運が生じているのである。

この背後には，対面による観察や時間の管理が難しくなったため，成果で評価をせざるを得ない。そうした認識があるようだ[14]。

加えて従来と同じく，COVID-19による大幅な景気の減退に伴い，人件費の削減を図ることができる点が，成果主義のメリットとして指摘されてもいる[15]。

コロナがやがて収束した後も，能力や行動や態度などのプロセスではなく，成果に基づく評価が前面に押し出されてくるだろう，とする意見も出されている[16]。

浮き彫りになったのは組織的公正の大事さ

テレワークによって業務プロセスが確認できなくなる。それなら成果をみればよい。この箇所だけを抽出すると，なんとも安直な印象がしてしま

---

13. 厚生労働省編（2008）『平成20年版労働経済白書』
14. あしたの人事Online「成果主義とは？新型コロナの影響で増加している？導入事例や施策をわかりやすく解説」（最終閲覧：2020年11月27日）
 https://www.ashita-team.com/jinji-online/category1/10667
15. Engage採用ガイド「【サボっている人はどうなる？】これから増えていく成果主義とは」（最終閲覧：2020年11月27日）
 https://en-gage.net/content/about-results-oriented
16. 株式会社日本総合研究所「ポスト・コロナ時代のパフォーマンス・マネジメント」（最終閲覧：2020年11月27日）
 https://www.jri.co.jp/MediaLibrary/file/service/special/content21/corner123/20200819_semin

う。

　しかし，事はそんなにシンプルだろうか。たとえば，このように考えることはできないか。テレワークという変化が，これまでの人事評価や処遇のやり方に対する納得感を下げた。そのことが評価方法の再考へとつながっている，と。

　テレワークのようにプロセスがみえない状況では，現行の評価方法が適切には思えない。自分のことを本当に正しく評価してもらえるのか。そうした不安・不満がくすぶっているのかもしれない。

　「それは正しい評価だ」と感じる心理を，学術的には「組織的公正」と呼ぶ。要するに，COVID-19による変化は，組織的公正の問題を浮上させた。そう考えることができるというのが，本稿の見立てだ。

　興味深いことに，実は成果主義に関する学術研究においては，組織的公正の重要性が検討されている。

　成果主義になると自らの報酬が変動する。どのように変動するかわからないと，働く個人にとっては不確実性が高く，不安だ。そうした感情を抑制するのが組織的公正である。評価への公正感があれば，報酬の変動というリスクも受け入れやすい。

　実際に，組織的公正が高い（グラフ内実線）と成果主義（インセンティブペイ高）でも組織への愛着（従業員のコミットメント）は低くなりにくいが，組織的公正が低い（グラフ内点線）と成果主義は組織への愛着を大きく下げることがわかっている（**図2**）[17]。

　日本でも組織的公正に注目した，成果主義の研究が提出されている。その研究によると，考課者の選定，評価方法や評価基準の公開，評価結果の公開，評価の仕組みの再検討といったものが，成果主義による評価や処遇の公平感を促していた[18]。

意識されてこなかった組織的公正

　COVID-19による変化が成果主義を志向する声につながった。そのことを考察すると，人や組織のどのような実態がみえてくるだろう。人が組織において働くうえで，組織的公正は欠かすことができない，ということで

図2　成果主義における組織的公正と組織への愛着の関係

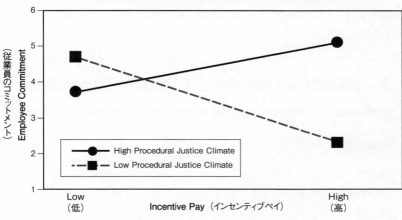

はないか。

　既存研究を総合的に分析した論文においても，組織的公正は処遇の満足感，組織への愛着，上司への評価，仕事のパフォーマンス，役割外の行動，仕事への満足，仕事のモチベーションを上げ，離職や非生産的な行動を下げることが検証されている[19]。

　このように重要性の高い組織的公正がCOVID-19による変化で揺らいだ。筆者の経営するビジネスリサーチラボが日系企業を顧客に，2019年と2020年にそれぞれ同じ項目で実施した組織サーベイ（従業員意識調査）でも，2020年の組織的公正の値は2019年より統計的に有意に「低い」。

　裏を返せば，COVID-19以前はそれなりに組織的公正が保たれていたということでもある。少なくとも現状よりは。上司と部下がお互いを観察できる状況によって，暗黙裡に評価への公正感を手にしていたのかもしれない。

17. Sung, S. Y., Choi, J. N., and Kang, S. (2015). Incentive pay and firm performance: Moderating roles of procedural justice climate and environmental turbulence. Human Resource Management, 56, 287-305.
18. 開本浩矢（2005）「成果主義導入における従業員の公正感と行動変化」『日本労働研究雑誌』第47巻，64-74頁。
19. Colquitt, J. A., Conlon, D. E., Wesson, M. J., Porter, C. O. L. H., and Ng, K. Y. (2001). Justice at the millennium: A meta-analytic review of 25 years of organizational justice research. Journal of Applied Psychology, 86(3), 425-445.

そこに存在していながらも，ふだんは特別に意識されることのなかった組織的公正。COVID-19に伴う変化は，組織的公正に改めて目をやる必要性を喚起している。

3 　職務記述書を望む声から人や組織の実態を考える

職務記述書とは何か

続いて，職務記述書の作成についてみていこう。足早に振り返っておくと，COVID-19の影響でテレワークが進み，気軽にコミュニケーションが交わせなくなった。だが，職務記述書をつくれば，各人が自律的に働けるだろう。これがジョブ型雇用への期待だった。

はじめに，職務記述書とは何か。職務記述書はジョブ・ディスクリプションの訳語だ。『職務記述書ハンドブック』[20]によると，職務記述書は，①仕事の要約，②仕事内容のリスト，③仕事で必要となる教育，資格，免許，経験などの必要事項，④就業場所，就業時間，出張要求など，その他の情報から構成される。

企業は職務記述書の内容を従業員と調整し，合意を得る（欧米を中心としたジョブ型社会では，しっかりと合意を得る点が特徴的だ）。その後，従業員は職務記述書を頼りに，業務に従事することになる。

『職務記述書ハンドブック』の著者の主張に基づくと，職務記述書をつくることで，従業員は自分の仕事について詳しく知ることができる。そして，従業員の士気や能力が高まるなどの効果があるそうだ。

仕事が明確になることの効果

確かに，自分の果たすべき役割が明確になると，よい効果が表れる。そのことは「役割曖昧性」に関する学術研究において実証されている。

---

20. Mader-Clark, M. (2013). The job description handbook. Nolo.

　役割曖昧性とは，自分が組織から与えられた役割について必要な情報が得られてい「ない」状態を意味する[21]。逆に，職務記述書によって自分の仕事が明らかになった状態。これは役割曖昧性が「低い」状態といえる。

　役割曖昧性が低いと，いいことずくめだ。たとえば，これまでの研究では，役割曖昧性が低いほど，仕事に対する満足感，組織に対する愛着，仕事上のパフォーマンスが高く，不安感，離職しようという気持ち，欠勤しようという気持ちは低いことが実証されている[22]。

　ビジネスリサーチラボがCOVID-19拡大後，日系企業の顧客に実施した組織サーベイでも役割曖昧性の意義は表れている。具体的には，役割曖昧性が低いほど，働きがいを持っていることが明らかになった。海外の先行研究と整合する結果が，直近の国内の調査でも得られたということだ。

職務記述書で仕事が明確になるか

　学術研究を参照する限り，仕事が明確になるほどよい効果が出ることはわかった。しかし，職務記述書があると，本当に仕事が明確になるのか。その点はまだ確認できていない。

　役割曖昧性を下げる要因をみていけば，この問いに答えることができる。多くの先行研究を分析した論文では，仕事の自律性，周囲からのフィードバック，仕事の完結性，上司のリーダーシップ，ルールや手続きの構造化といったものが，役割曖昧性を下げる要因として示されている[23]。

　これらのうち，ルールや手続きの構造化という要因は，（完全にイコールではないが）職務記述書の作成に近いといえなくもない。職務記述書をつくれば，仕事のルールや手続きが少しは定まるからだ。

　しかし，それより重要な点がある。役割曖昧性を下げる要因は，ルール

21.　Kahn, R. L., Wolfe, D. M., Quinn, R. P., Snoek, J. D. and Rosenthal, R. A. (1964). Organizational Stress Studies in Role Conflict and Ambiguity. Wiley, New York.

22.　Jackson, S. E., and Schuler, R. S. (1985). A meta-analysis and conceptual critique of research on role ambiguity and role conflict in work settings. Organizational Behavior and Human Decision Processes, 36(1), 16-78.

23.　Jackson, S. E., and Schuler, R. S. (1985). A meta-analysis and conceptual critique of research on role ambiguity and role conflict in work settings. Organizational Behavior and Human Decision Processes, 36(1), 16-78.

や手続きの構造化以外にも存在するということだ。仕事の性質，それから周囲や上司とのかかわりも役割曖昧性の低減には有効である。

　つまるところ職務記述書は，従業員の仕事を明確化する助けになるが，それだけでは不十分なのである。職務記述書による明確化の効果が限定的なのは，職務記述書では役割を記述しきれないからだ。

　まずもって，人には認知的な限界がある。職務記述書は，企業と個人が合意を取るものだが，企業は個人のことを完全には把握できない。個人も仕事のことを完全には把握できない。

　さらに，人は将来を予知できない。仕事をめぐる状況は変化していくものだ[24]。先んじて完全な職務記述書をつくることなどできない。

欧米の職務記述書はどうなっているのか

　ここで素朴な疑問が浮かぶかもしれない。欧米はジョブ型雇用の社会だといわれている。職務記述書が不完全にならざるを得ないのなら，どうしているのか。

　結論をいえば，そこまで厳密には記述していない[25]。たとえばアメリカでは，職務記述書で業務を“ある程度”示すにとどまる。市場変化の激しいIT業界などでは，記述の抽象度が特に高く，職務変更も頻繁に起こる。他にも，ドイツでは職務記述書は詳細には示されない。なおかつ，記載の範囲内で上司が部下の職務を変更することもある。

　職務記述書をつくるといっても，一定の柔軟性を残して運用しているのが欧米の実態である。

　かくして，完全な職務記述書が作成できないからこそ，仕事を明確化するために，職務記述書以外の要因もあわせて整える必要が出てくる。すなわち，依頼する仕事の性質を工夫したり，上司や周囲とのかかわりを増やしたりすることが求められる。

　考えようによっては，テレワークの導入で上司や周囲とのかかわりが

24. Rousseau, D. M. (1995). Psychological Contracts in Organizations: Understanding Written and Unwritten Agreements, Newbury Park, CA: Sage.
25. 濱口桂一郎（2018）「横断的論考」『日本労働研究雑誌』第60巻4号，2-10頁。

減ったため，職務記述書をつくることで仕事の明確化を図りたい。そうした気持ちが引き起こされたとも考えられる。

　実際，テレワークを実施するほど，仕事の自律性が高まる一方で，周囲からのサポートやフィードバックは得られにくくなるとの研究結果もある[26]。

相互調整しながら役割外の仕事を担う

　さて，変化が人や組織の実態をあぶり出すという発想の下，COVID-19による変化を受けて職務記述書の作成を求める声が高まった点について考察してきた。

　この変化からみえる，人や組織の実態とは何だろう。それは，私たちがふだん，「役割外」の仕事をお互いに「調整」しながら実行しているということではないか。

　テレワークは，慣れ親しんだ対面による「調整」手段を奪った。結果，「役割外」の仕事にうまく対応できなくなり，「それなら（職務記述書によって）役割をもっと規定したほうがよい」との意見が生まれた。

　ただし，学術研究のなかでは，いくら職務を定めても役割外の仕事は出てくることが指摘されている。たとえば，役割外でありながらも組織に必要な行動を主体的に執ることを，学術的には「組織市民行動」と呼ぶ[27]。

　組織市民行動という概念が提案されていること自体，役割外の仕事の重要性を物語っている。しかも，組織市民行動の研究は近年増えていて[28]，その重要性はさらに高く認識されている。

　ビジネスリサーチラボが，ある日系企業に実施した，テレワーク導入時の組織サーベイでは，職場のメンバーとの頻繁なコミュニケーションを心がけている職場にいる人ほど，役割外の仕事を実行する傾向にあった。

---

26. Sardeshmukh, S. R., Sharma, D., and Golden, T. D. (2012). Impact of telework on exhaustion and job engagement: A job demands and job resources model. New Technology, Work & Employment, 27, 193-207.

27. Organ, D. W. (1988). Organizational Citizenship Behavior: The Good Soldier Syndrome. Lexington, MA: Lexington Books.

28. 田中堅一郎（2012）「日本の職場にとっての組織市民行動」『日本労働研究雑誌』第54巻10号，14-21頁。

対面でもテレワークでも必然的に生まれる役割外の仕事。これを職場でどのように調整しながら取り組んでいくか。そのことがいま問われている。

4 今後の人材マネジメントの論点

本稿では，COVID-19の拡大後に出てきた，ジョブ型雇用をめぐる議論を吟味してきた。成果に基づく評価を求める声からは，評価の公正感の重要性を導き出した。職務記述書の作成を求める声からは，役割外の仕事の重要性を見いだした。

評価の公平感にしても役割外の仕事にしても，これまで対面で働くなかで，なんとなく調整してきたものだ。その無意識で絶妙な調整が，テレワークで物理的な距離が生まれることで崩れ去り，大きな問題として私たちの眼前に出現した。

とりわけ，評価の公正感の問題は上司と部下のコミュニケーション，役割外の仕事の問題は同僚間のコミュニケーションを改めて考えるよう，私たちを仕向けているだろう。

整理しよう。変化が現実を浮き彫りにするという観点で検討を進めてきた本稿が見いだしたのは，公正感を高める上司・部下間のコミュニケーション，役割外行動を生み出す同僚間のコミュニケーションが，これからの人と組織をめぐる重要な論点になるということだ。

テレワークが残ろうと，対面に戻ろうと，この２つの論点は継続的に考えるに値する。

プロフィール ---

伊達洋駆（だて・ようく）　神戸大学大学院経営学研究科博士前期課程修了。修士（経営学）。同研究科在学中，2011年に㈱ビジネスリサーチラボを創業。以降，人事領域を中心に調査・コンサルティング事業を展開し，研究知と実践知の両方を活用したサービスを提供。2013年から採用学研究所の所長，2017年から日本採用力検定協会の理事を務める。

制度・規定を変更する際の留意点

中山・男澤法律事務所 弁護士 **高仲 幸雄**

1 黙示の同意・個別合意との関係

2 変更のタイミング・方法

　◆就業規則変更の際のチェックポイント

【ダイジェスト】賃金や労働条件等にかかわる制度や規定を変更する際には、従業員の同意・合意を得るだけではなく、就業規則を変更する必要がある。従業員の同意・合意を得る場面では、制度変更による不利益が生じる場合にはその内容を説明したうえで、書面の形式で行う。その際、電子メールやウェブの利用には限界があるので、あらかじめリアルの面談も手配しておく。制度の適用期間や対象範囲を限定する場合には、「附則」に盛り込むとよい。

　アフターコロナを見据えて制度や規定の変更を実施する企業では，以下のような疑問が出てくることがある。

> Ｑ　変更手続きが煩雑なので，社員の全体説明会で承諾をもらうという方法でよいか？
> Ｑ　新たな制度・規定について，適用期間や対象範囲を限定したいのだが，どうしたらよいか？

　このような場合，次の点を前提知識として理解しておく必要がある。

> ①　就業規則の最低基準効（労契法12条*）があることから，従業員との同意・合同意だけでなく，就業規則等の規定変更が必要であること。
> ②　従業員と個別に同意・合意する場面では，具体的な不利益を説明したうえで書面の形式で行うこと。
> ③　制度の適用期間や対象範囲の限定は，規則末尾の「附則」に条項を設ける方法があること。　　　　　　　　　　　　　*87頁参照

　以下，ポイントを整理していきたい。

1　黙示の同意・個別合意との関係

(1)　就業規則の最低基準効に注意

　就業規則の変更にあたっては，過半数代表の選出や意見照会，改正後の就業規則の社内周知や所轄労基署への届出等，さまざまな手続きがある（労基法89条，90条，106条等）。

　時間的な制約の関係で，社内説明会で反対がないので「黙示の同意あり」として，個別の合意書や就業規則の改正を後回しにすることがあるかもしれないが，そのまま放置しておくことは危険である。

　昇給や賞与の支給を停止しても，これらに関する記載が就業規則（給与

規程）に残っていると，就業規則の最低基準効（労契法12条）に基づいて，規定どおりの昇給額や賞与額を請求される可能性が生じるからである。

　したがって，昇給や賞与支給が会社の義務として規定されている場合，昇給停止や賞与不支給とするには，就業規則や給与規程に明記が必要となる。また，昇給停止が退職金にも影響する場合は，退職金規程にもあわせて規定しておく必要がある。

(2)　個別の同意書や合意書との整合性

　実務では，就業規則の不利益変更（労契法9条，10条）に関する紛争防止の観点から，不利益変更について従業員側から個別の同意書や合意書を取得するケースがある。この場合，就業規則の改正規定（改正後の条文）の施行日と同意書・合意書の効力発生時期を整合させる必要がある。

　また，会社側で，従業員側の同意・承諾があったと考えていても，後から同意の有効性が争われる可能性がある点にも注意を要する（**山梨県民信用組合事件**・最二小判平28.2.19）。

図　山梨県民信用組合事件

就業規則の不利益変更（労契法10条）は労働者側が変更に同意していない場合に問題

【山梨県民信用組合事件・最高裁第二小法廷平28.2.19判決】
「就業規則に定められた賃金や退職金に関する労働条件の変更に対する労働者の同意の有無については…当該行為が自由な意思に基づいてされたものと認めるに足りる合理的な理由が客観的に存在するか否かという観点からも，判断されるべきものと解するのが相当である」

　同意・合意の有効性が否定されないようにするためには，従業員と個別

に同意・合意を取得する際に，会社から従業員側に具体的な不利益を説明し，書面の形式で明確化する必要がある。

近時，利用が増加する電子メールやウェブ会議については，従業員側との意思確認が困難な場合があるし，当該意思決定に必要な情報提供についても，秘密保持の観点から限界もある。従業員側に不利益な内容について同意・合意を得る事項を電子メールやウェブ上ですべて実施するのは限界があり，あらかじめリアルの面談も手配しておくべきである。

2 変更のタイミング・方法

(1) 関連する規定はセットで変更

アフターコロナを見据えれば，さまざまな制度・規定の変更が必要になってくると思われるが，五月雨式に変更すると，従業員側に有利な変更（在宅勤務手当の支給・増設等）では反対が出てこなくても，通勤手当の実費精算になると「不利益変更」であるとして反対が起きる可能性がある。

そこで，たとえば，在宅勤務・リモートワークに関する待遇であれば，全体を1つのパッケージとして変更すべきである。

(2) 適用時期の調整は「附則」を活用

就業規則の不利益変更によって大きな影響を受ける一部の社員について，就業規則変更の適用時期を延期させたり，変更内容を段階的に実施する経過措置を設ける場合，就業規則の本体に条項を設けると，経過措置後には読みにくくなる。

そこで，実務では，就業規則改正の適用時期や経過措置に関する規定は，規則末尾にある「附則」に該当条項を設けることがある（裏からいえば，就業規則の内容・効力を検討する際は，必ず附則で効力発生時期や経過措置を確認する必要がある）。

具体的にいくつかのパターンをご紹介したい。

1） 契約更新時期との関係

　有期雇用労働者は，契約更新時期がそろっていないことがある。そのため，一斉に労働条件を変更する場合は契約途中での労働契約書の変更や別途覚書等の個別合意が必要になることがある。

　他方，契約期間中は従前の労働条件を維持し，契約更新時に変更する場合は，以下のような規定を就業規則の附則に設けることがある。

附則　　1．本規則は〇年〇月〇日から施行する。

　　　　2．〇年〇月〇日に第△章第◇条から◇条までを改正。

　　　　　　なお，上記改正までに有期労働契約を締結していた者については，契約期間中は上記改正を適用せず，その間は従前の例によるものとし，上記改正は契約更新時から適用する。

2） 適用時期の延期・段階的実施

　就業規則の不利益変更において，不利益の程度を緩和するために，一定範囲の者には変更規定の適用時期を延期させることがある。その場合は，附則に以下のような規定を設けることがある。

附則

　1　本規則は〇年〇月〇日から施行する。

　2　第△条を〇年〇月〇日に改正し，同改正は同日から施行する。ただし，以下の①の者については，②の期間経過後に上記改正を適用する。

　　①　上記改正時に〇〇の者

　　②　〇〇の期間

　また，変更規定を期間を区切って段階的に適用する方法としては，以下のような条項がある。

附則

第○条（□□手当）を2021年4月1日に改正・施行する。

　ただし，以下の①に該当する者については，2024年3月31日までは②の経過措置を設ける。

① 　2021年◎月◎日の時点で△△の地位にあった者

② 　□□手当の金額

2021年4月1日〜　2022年3月31日	＊万＊＊＊＊円
2022年4月1日〜　2023年3月31日	＊万＊＊＊＊円
2023年4月1日〜　2024年3月31日	＊万＊＊＊＊円

(3)　期間限定・暫定措置であることを明らかにしておく

　新たな制度・規則を設ける場合，実際に運用してみないと，メリット・デメリットがわからないということがある。

　特に，アフターコロナの問題のように，将来の予測が困難なケースでは，永続的・固定的な制度・規則を設けてしまうと，その後の変更が困難になる。また，規則・規定の制定時には，その後の変更可能性を視野に入れていた場合でも，担当者の異動や退職で引継ぎが不十分だと，後になって「どのタイミングで，どのような点を踏まえて変更することになっていたのか」が不明確になってしまうことがある。

　そこで，改正規則の附則において，以下のような①変更・見直しの根拠規定，②暫定的措置として施行する規定を，あらかじめ設けておくことがある。

①変更・見直しの根拠規定

　本規則は，本規則の施行日から起算して1年を経過した日に，その効力を失う。

②暫定的措置として施行する規定

> 本規則の施行日から起算して１年を経過した場合において，○○を勘案しつつ必要な検討を加え，必要があると認めるときは，本規則の見直しを含め必要な措置を講ずるものとする。

3) 就業規則等の制度変更にかかわるチェックリスト

　就業規則等の制度変更では，給与規程や退職金規程等の関連諸規則との整合性を図ることは当然のこととして，①法律・判例等の法規制，②労働組合との労働協約，③個別労働者との間の労働契約書の内容（個別合意）との整合性を図る必要がある。

　次頁のチェックリストでは，❶検討が必要な条文のピックアップ，❷新設・改正する条文の効力の確認，❸将来のトラブル・変更を想定した制度設計，の観点からチェックポイントを整理したので，参考としていただきたい。

> ＊就業規則の最低基準効：労契法12条
> （就業規則違反の労働契約）
> 第12条　就業規則で定める基準に達しない労働条件を定める労働契約は，その部分については，無効とする。この場合において，無効となった部分は，就業規則で定める基準による。

プロフィール ---

高仲幸雄（たかなか・ゆきお）　早稲田大学法学部卒業。2003年弁護士登録（第一東京弁護士会），中山慈夫法律事務所（2005年４月，中山・男澤法律事務所に改称）入所，2013年パートナー，現在に至る。2009年以降，国士舘大学21世紀アジア学部非常勤講師（春期）。著書に，『人事労務制度使いこなしマニュアル』『労使紛争防止の視点からみた人事・労務文書作成ハンドブック』『同一労働同一賃金Q&A』など多数

表　就業規則変更の際のチェックポイント

●検討が必要な条文のピックアップ

チェックポイント	注意事項
①就業規則や関連諸規則，労働契約書や労働条件通知書の存在を確認する。	□労使間の権利・義務や労働条件が記載された資料はすべて集め，最初から取捨選択はしないこと
②検討対象の制度・社員に『適用される』就業規則や労働契約書等を確認する。	□雇用形態と規則の適用範囲をチェックし，不安があれば全部を取り寄せる
③就業規則や労働契約書の保管状況を把握する	□『コピー／抜粋／手控え』ではなく，原本（オリジナル）の保管状況を確認
④保管されている就業規則や労働契約書でとられた『手続き』を確認する	□就業規則は『労働基準監督署への届出』と『周知』，労働契約書や労働協約は署名部分を確認
⑤就業規則や労働契約書等の変更・更新経過を確認する	□過去の就業規則や労働契約書をどこまで取り寄せるか？は早期に確認
⑥就業規則（本体）が引用する諸規則（関連規則）も漏れなく集める	□就業規則や労働契約書で準用・引用する規則はすべて確認
⑦他の雇用形態の規則（就業規則や給与規程等）が適用されないかを確認する	□就業規則や諸規程の『適用範囲』は，従業員の定義（範囲）とあわせて確認
⑧労働協約・労使協定の有無・内容を確認する	□労働協約・労使協定の条項との抵触関係や手続（労働組合との事前協議・同意を要する旨の事前協議条項・同意条項）を確認
⑨就業規則，労働契約書，労働協約等の競合関係・優劣関係を確認する	□優劣関係を規定する『法律』（労働契約法12条，13条，労働基準法92条，労働組合法16条）を確認
⑩収集した資料に不足・未入手がないかを確認する	□『資料リストを整理し，原本の有無／作成日／作成者も確認

❷新設・改正する条文の効力の確認

チェックポイント	注意事項
⑪就業規則の目次・全体構成から探し出す	□『章』や『節』，『前後の条文』のほか『手続き』や『原則／例外』も確認
⑫関連規定をセットでピックアップする	□関連する措置・制度を確認し，相互の影響関係を確認
⑬規則内における用語の定義や使い分けを確認する	□日常用語・社内用語と『法律用語・就業規則の用語』に相違に注意
⑭同一事項について複数の規定がある場合は，規定間の関連性・優劣を検討する	□就業規則・労働契約書・労働協約を整合させないと効力が否定されるリスクあり（チェックリスト❶の⑧参照）
⑮法律・裁判所による『規定の効力』が限定・否定される可能性を検討 ・条文は最新か？ ・条文の読み方は正確か？ ・他の条文や判例による制限は？	□労働関連の法規制の多くは，労使の合意で排除できない『強行法規』 □根拠規定があっても裁判所によって『限定解釈』されたり，『権利濫用法理』によって個別措置が制限・禁止されることも！

❸将来のトラブル・変更を想定した制度設計

チェックポイント	注意事項
⑯意味・解釈の争いが起きないようにする	□だれが読んでも意味がわかる（他の意味に読めない）文章にする
⑰複雑な準用・読み替え規定を避け，条文の複雑化を避ける	□複雑な内容は別規則や別表を用いる
⑱緊急時に対応できる規定（例外規定等）を設けておく	□複雑な手続きや厳格な要件は迅速対応の支障になるので避ける
⑲将来の変更可能性を踏まえた規定にする	□昇給・賞与・定額残業代の金額，契約更新時の条件等を就業規則等で固定化することは，業績悪化時に負担となるので避ける
⑳暫定的制度は適用期間・将来の見直しをあらかじめ制度化しておく	□就業規則等の附則に「適用期間」や「施行後の見直し」の規定を設ける

（豆知識）その2　労働法とは

　労働法という言葉がよく使われますが，「労働法」という法律が存在するわけではありません。

　労働法とは，広く労働関係にかかわる法律を網羅した呼称といえるもので，大きくは，以下のとおり，法律の性格によって，3分類に整理できるとされています（4分類の考え方もあります）。

　それぞれに，本書で取り上げられている法律を当てはめてみます。

①個別的労働関係法（雇用関係法，労働保護法）
　　労基法，労契法，労災保険法，安衛法，男女雇用機会均等法，
　　育児・介護休業法，パート・有期法　など
②集団的労働関係法（労使関係法）
　　労組法　など
③労働市場法（雇用保障法）
　　労働施策総合推進法，障害者雇用促進法，高年法　など

個別的労働関係法
（雇用関係法，労働保護法）

集団的労働関係法
（労使関係法）

労働市場法
（雇用保障法）

第Ⅲ章

テーマ別にみた人事・労務の課題

【ダイジェスト】今後の人事・労務のあり方についてイメージできたら、具体的なテーマ別に課題を整理し、実際の対応方法を検討しよう。2021 年は「ジョブ型制度」と「リモートワーク」が働き方のキーワードなりそうだ。また、短時間・有期雇用社員等の処遇や、パワハラ対策など職場環境の改善に向けた対応も進めていく必要がある。

MEMO

注目されるジョブ型制度

【ダイジェスト】「ジョブ型制度」という用語は、定義が曖昧なままに使われているケースも少なくない。ここでは、まずその基本的な仕組みと考え方を整理しよう。そして、実際に制度を導入・運用する際に押さえておきたい法律知識を、ケース別に裁判例をみながら考えてみよう。

MEMO

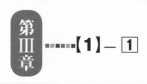

ジョブ型制度の導入を検討する際の留意点

コーン・フェリー株式会社　シニア・プリンシパル　**加藤　守和**

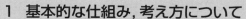

1 基本的な仕組み，考え方について
- ・職務等級制度とは
- ・役割等級制度とは
- ・職能等級制度とは

2 日本企業の導入状況
- ・新卒一括採用などの慣行との折り合い
- ・ローテーションによる降格・降給をどうするか
- ・日本企業に合うハイブリッド型とは
- ・社員のキャリアとも向き合う

3 働き方の変化にジョブ型はマッチするのか
- ・ジョブ型が求められる理由
- ・バランス型の働き方とジョブ型制度

4 導入を検討する企業へのアドバイス

【ダイジェスト】「職務」を軸としたジョブ型制度（職務等級制度）は、オフィスワークとテレワークをバランスよく組み合わせたニューノーマル（新常態）の「働き方」と相性がよい。日本企業では、下位等級は職能資格等級、上位等級は職務等級とするハイブリッド型がなじみやすい。今後の「働き方」としては、ジョブ型制度をベースに「集合」と「分業」のサイクルを回す方向へとシフトするだろう。

1　基本的な仕組み，考え方について

　昨今，ジョブ型人事制度（以降，ジョブ型制度とする）が脚光を浴びている。日立製作所や富士通など，伝統的な日本企業がジョブ型制度の導入に踏み切り，いよいよ本格的なジョブ型制度の機運が高まりつつある。しかし，「ジョブ型」というキーワードが独り歩きしているようにもみえる。

　本稿では，「ジョブ型制度とは何か」から始め，昨今の企業動向や制度構築の留意点などを解説していきたい。

☆

　人事制度を類型化すると，大きくは「職務等級制度」「役割等級制度」「職能等級制度」の3つのタイプに分かれる。人事制度とは，等級制度・評価制度・報酬制度によって構成される制度であるが，その根幹となる等級制度が何によって定められるかによって制度の内容が大きく変わる。それぞれの制度は，以下のように定義づけられる。

職務等級制度：個々の職務の職務価値（Job Size）によって等級が決定する仕組み

役割等級制度：個々の職務の役割によって等級が決定する仕組み

職能等級制度：個々人の能力によって等級が決定する仕組み

　ジョブ型制度は広義の意味では，「職務」に基づき処遇が決定する仕組みを指し，職務等級制度と役割等級制度は広義のジョブ型制度になる。しかし，職務等級制度と役割等級制度では，その精度がだいぶ異なる。職務等級制度は，個々の職務により焦点をあてた仕組みであり，昨今話題にされているジョブ型制度はこの職務等級制度を指している。

図１　職務評価の８軸の説明（ヘイ・ガイドチャート法）

	８つの評価軸	評価の視点
1. 知識・経験 Know-How	①実務的・専門的・科学的ノウハウ	● そのポジションには，どれくらいの**知識や経験**が必要か？
	②マネジリアル・ノウハウ	● そのポジションは，どれくらい**性質が異なる職務をマネジメント**するか？
	③対人関係のスキル	● そのポジションには，どれくらいの**コミュニケーションスキル**が必要か？
2. 問題解決 Problem Solving	④思考環境	● そのポジションが思考すべき**テーマの視点の高さ**はどれくらいか？
	⑤思考の挑戦度	● そのポジションが思考すべき**テーマの難易度**はどれくらいか？
3. 達成責任 Accountability	⑥行動の自由度	● そのポジションは，どんなレベルの**意思決定**ができるか？
	⑦職務規模	● そのポジションが出すべき成果を**金額**で表すとどれくらいか？
	⑧インパクト	● また，その成果に対してどんな**関わり方・責任の負い方**をするか？

職務等級制度とは

職務等級制度は，１つひとつの職務について，職務価値を算定し，序列化する手法である。職務価値の算定は，総合的な判断に基づく**総合判定法**と個々の要素ごとに判定する**要素判定法**に分かれる。

総合判定法は評価者の主観に左右される面が大きく，組織構造がシンプルで合意が取りやすい小規模企業に適している。

一定以上の企業規模では，要素判定法を採用するケースが大半である。組織・人事コンサルティングファームであるコーン・フェリーでは職務評価の源流であるヘイ・ガイドチャート法を基に職務評価の支援を行っているが，外資系の組織・人事コンサルティングファームでは類似した測定法を持っている。

ヘイ・ガイドチャート法では，知識・経験（ノウハウ），問題解決（プロブレム ソルビング），達成責任（アカンタビリティ）について，８つの

要素で個々の評価を行う（**図１**）。これは企業活動におけるすべての職務は，何らかの知識・経験に基づき，問題解決を行い，定性・定量的な成果貢献をする責任を有するという考え方に基づく。売上げなどの業績規模は重要な指標の１つではあるが，８つの要素の１つにすぎない。

　個々の業務に求められるノウハウや難しさなどを考慮しながら，個々の職務の判定を行っていくことになる。

役割等級制度とは

　役割等級制度は，等級ごとの役割を定義し，その役割に準じて個々の職務を格付けする仕組みである。等級ごとに部長相当の役割や，課長相当の役割を定義づけていることをイメージしていただきたい。

　役割等級制度では，職務の価値を一定程度反映することが可能である。しかし，部長や課長といった階層や肩書の影響を受ける点が課題といえる。大企業では，同じ部長のなかにも，経営参謀として重要な役割を担う部長もいれば，オペレーション中心の相対的に職責の低い部長もいて，その幅は非常に大きい。役割等級制度では，その違いを区分することはきわめて難しく，その精度の差が職務等級制度との違いといえる。

職能等級制度とは

　職能資格制度は，職務ではなく，ヒトに着目した仕組みになる。社員個々人の「能力」を判定し，その能力に準じた格付けを行う。ここでの能力とは，「部長相応の能力」や「課長相応の能力」を指す。しかし，これらの能力を正確に見極めることは難しい。また，経営環境の変化によって，求められる能力は変化していく。

　職能資格制度をきちんと運用しようとすると，常に求められる能力基準を更新し，その能力基準に沿って格付けしなければならない。ただ，現実問題として，能力基準の更新はあまり行われず，モチベーション維持の観点から降格を伴う格付けの見直しはほとんどされることはない。結果として，職能資格制度では，年功序列的運用に陥るケースが大多数である。

2　日本企業の導入状況

新卒一括採用などの慣行との折り合い

　日本企業で職務等級制度を導入するにあたり，新卒一括採用・ゼネラリスト育成という日本独自の労働慣行とうまく折り合いをつける必要がある。日本企業は伝統的に新卒一括採用によって人材採用を行ってきた。これは，経験のない学生のポテンシャルを見込んで採用を行う日本独特の労働慣行である。入社時点でどのような適性があるかはわからないため，複数の職場を経験させて育成することになる。多くは，総合職として採用され，全体的な視野を持って問題解決ができるゼネラリストとしてのキャリアを歩むことになる。

　未経験者を採用する新卒一括採用では，育成のためのローテーションが必要不可欠になる。また，企業内にどのような職種にも転換可能な人材がプールされているため，組織要請による増員や人員補充も基本的には社内人材で充当される。そのため，日本企業においては，ローテーションが人員数の調整の点でも，重要な人事施策として位置づけられている。年度の初めに定期異動として，多くの人材がローテーションするという人事慣行を持つ企業は多い。

ローテーションによる降格・降給をどうするか

　ジョブ型制度は，ローテーションと親和性の低い仕組みである。職務によって等級や処遇が決定するため，職務価値が低い職務へ異動すると，降格・降給が起こってしまう。会社都合により異動し，降格・降給となるのでは，モチベーションを著しく毀損させてしまう。

　海外でローテーションがジョブ型制度の課題としてあがらないのは，そもそも異動がほとんどないからである。入社時に応募した職種で雇用契約がなされ，多くの社員は基本的にスペシャリストのキャリアを歩む。増員

や人員補充のニーズが出てきたら，それらの経験・スキルを持つ人材を採用し，社内他部門から未経験者を充当することはしない。そのため，ローテーションに伴う降格・降給を心配する必要性そのものがない。

　一方で，日本企業においてはローテーションが重要な人事施策でもあるため，ジョブ型制度を導入するうえでは，いろいろな工夫が必要になる。

日本企業に合うハイブリッド型とは

　日本企業でジョブ型制度を導入する場合，人事制度全体としては，下位等級は職能等級とし，上位等級は職務等級とするハイブリッド型を導入することが多い。新卒一括採用は，各企業に根付いた人材獲得方法でもあり，多くの企業でやめてしまうことは現実的ではない。

　新卒一括採用を行う以上，育成のためのローテーションが欠かせない。一定期間を習熟期間と位置づけ，下位等級は柔軟なローテーションが可能な職能等級を適用させる一方で，上位等級はジョブ型制度を導入することで，職責に応じてきちんと報いていくという考え方である。かつては，管理職をジョブ型制度の対象とする企業が多かったが，昨今では，管理職の手前の係長・リーダー層にも適用するケースが増えてきている。育成期間をどの程度の期間と捉えるかが，大きなポイントといえる。

　また，等級制度のくくり方の幅についても配慮が必要になる。職務価値によって等級制度を区分することになるが，ローテーションが頻発される層は共通化することを検討することが有効である。たとえば，本社の経理課長と工場の経理課長で頻繁にローテーションを行う場合，本社の経理課長のほうが職務価値は高くても，わずかな違いであれば共通化しておいたほうがよいだろう。本社と工場の経理機能の一体化を図るなどの戦略的意味合いがあれば，なおさらである。

　等級制度を細かく区分すると，職責に応じた処遇ができるというメリットがあるが，ローテーションはしにくくなる。一方で，等級制度を大きく区分すると，ローテーションはしやすいが，職責に応じた処遇という意味合いは希薄化する。そのため，職責に応じた処遇とローテーションの容易さという2つの相反する要件を見比べながら，着地点を模索する必要がある。

社員のキャリアとも向き合う

　最後に，ローテーションのあり方も考え直さなければならない。ジョブ型制度を導入するということは，前述のような制度構築上の工夫を行ったとしても，ローテーションの制約が増えるということにほかならない。

　職能等級制度は職務と処遇に関連がないため，自由に社員を動かすことができた。役割等級制度でも同一階層の肩書さえ維持していれば，社員を動かすことは比較的容易であった。ジョブ型制度では，異動先の職務価値によって，処遇が増減するため，個々のローテーションに対してきちんと向き合う必要がある。

　社員の力を最大限に活かすためには，キャリアダウンにつながるようなローテーションをさせてはならない。高い能力をもつ社員を職責の低い職務に就かせるのは，会社にとって得策ではない。本人の能力を引き出し，キャリアアップにつながるようなローテーションを計画的に行う必要がある。

　そのため，後継者育成計画（サクセッションプラン）や計画的な人材配置（タレントマネジメント）をきちんと行うことが重要である。これらの取組みは，経営者育成という観点からも必要な取組みといえる。ジョブ型制度を導入すると，部門や職種をまたいだ異動はしにくくなる。しかし，将来の経営者を育成しようとすると，特定事業や特定職種のみの経験だけで経営トップが務まるとは考えにくい。そのため，経営者素養がありそうな社員を選別し，計画的に異動・登用をしていくことは重要である。

　いずれにせよ，ローテーションは増員や補充等の要員充足ができればよいということではない。ジョブ型制度に移行することで，個々の社員のキャリアや経営者育成等に踏み込み，意図をもってローテーションをすることが必要となる。そのための，体制やプロセスが必要であることはいうまでもない。

3　働き方の変化にジョブ型はマッチするのか

　コロナ禍により，テレワークが普及すると上司が部下のプロセスを見きれないので，ジョブ型に移行するだろうという論調の記事を目にすることが増えてきた。筆者もジョブ型が増えていくであろうという点は賛同するが，その理由は少し異なる。

ジョブ型が求められる理由

　そもそも，コロナ禍に関係なく，日本企業においてジョブ型制度の導入の必要性は高まっている。経営環境の変化が激しく，日本企業が終身雇用や年功序列を維持することが難しくなっているからだ。

　グローバル化やイノベーションによりさまざまな産業においてビジネスモデルの転換が必要とされるなか，企業の要となるポジションを年齢が高いだけの社員に任せるのはリスクが高い。有望な次期リーダーを抜擢しようとしても，職能資格制度では本人に十分報いることはできない。報酬で報われないわりに，責任だけ負わされることになる。一方で，責任を負わずに，報酬だけが高い年配者も出てくる。

　このような人事を続けていると，有望な社員が次から次へと会社に見切りをつけて転職する事態に陥る。職責に合わせて適正に処遇し，年齢に関係なく優秀な人材を配置していくことが，優秀な人材を離さず，競争優位を保つために重要なのだ。

　コロナ禍によって，テレワークが一気に普及した。この「働き方」の変化はジョブ型制度のシフトを後押しする可能性が高い。テレワークの普及に伴い，その功罪もみえてきた。テレワークは，「分業」には適しているが，「協業」には適していない。「熟練社員」は機能するが，「未熟社員」は機能不全に陥る。「社員満足度」は上がるが，「生産性」は下がる。これらの個々の部分をとらえて，テレワークの是非を問うのは筋のよい議論ではない。

図２　ニューノーマル（新常態）の働き方

Withコロナの働き方　　　　　　ニューノーマル（新常態）の働き方

物理的に分散し,
オンラインで
つながる働き方

オフィスワークと
テレワークの双方
を組み合わせた
柔軟な働き方

○ 「**分業**」には適しているが
× 「**協業（創発）**」には適していない

○ 「**熟練社員**」は機能するが
× 「**未熟社員**」は機能不全に陥る

○ 「**社員満足**」は上がったが
× 「**生産性**」は下がった

「**個人で集中してできる仕事**」は
　　　　　　　　　　　　　在宅ワーク
「**議論**などの協業を要する仕事」は
　　　　　　　　　　　　　オフィスワーク

自立的に仕事ができる人は**在宅**ワーク
成長段階の人材は**オフィス**で支援を受ける

オフィスは**偶発的な出会い**をプロデュース
する場所へ役割を変える

良しあしはあるが, リモートワークは
「**体験**」として残り。重要な労働条件へ転換
オフィス強制企業で優秀者の確保は困難に

良いとこどりができる企業が
社員から選ばれる企業へ

コロナ禍をとおしてわかったことは, 全社員がフルタイムでテレワークをすることには, 多くの企業にとって無理があるといわざるを得ない。仕事の特性や個々の習熟度によって, その適合度は異なるからである。しかし, コロナ禍によって, 多くの社員がいままで縁遠かった「働き方」であったテレワークを「体験」したことは大きな意味を持つ。さまざまな調査結果で, テレワークを体験した社員のうち, かなりの比率で満足度が高く, コロナ禍後も続行したいという結果が出ている。これは, テレワークが今後, 重要な労働条件の一部になりうることを示唆している。

コロナ収束後にオフィス回帰の動きをみせる企業は一定数, 出てくるであろう。しかし, テレワークを推進する企業も一方で出てくる。グローバルではツイッター社が永続的に社員の在宅勤務を認めると発表した。富士通は在宅勤務を標準とした働き方に移行するため, オフィス規模を半減する予定だ。就労側もテレワークの可否は, 給与・賞与ほどではないにせよ, 労働時間や勤務地と同じくらい重要な労働条件になる可能性は高い。特に

自立して仕事ができる優秀な社員ほど，テレワークに対する感度は高いだろう。このような変化が起こっていくなか，オフィス出勤を義務づける企業が採用競争力を維持し，社員を定着させ続けることは難しいだろう。テレワークが新たな「働き方」として組み込まれていくことは不可逆な流れであろう（**図2**）。

バランス型の働き方とジョブ型制度

　筆者はニューノーマル（新常態）の「働き方」は，オフィスワークとテレワークを組み合わせたバランスのよい「働き方」が標準になると考えている。個々の仕事の特性や能力によって，「働き方」の柔軟な組み合わせを許容する企業が優秀な社員を惹きつけ，勝ち残る可能性が高い。

　このようなバランス型の「働き方」と，ジョブ型制度との相性はよい。ジョブ型制度とは，「職務」を軸とした仕組みであり，「職務」に向き合うことが求められる。分業を効率的に行うためには，個々人が自身の「職務」を理解しているほうがよい。オフィスワークで方向性や方針をすり合わせ，各人が「一定の仕事の塊」を責任もって進め，オフィスワークで進捗を確認するという「集合」と「分業」のサイクルを回すことになるだろう。

　もともと，日本企業においては，「職務」という概念は希薄であり，「できる人がやればよい」という考えが根付いている。手が空いている人や能力の高い人に仕事を割り振っていく。ジョブ型の対比として，メンバーシップ型とも称される考え方だ。これは，社員は仲間であり，仲間うちで仕事は融通しあうという発想に基づいている。メンバーシップ型を運用するためには，常にメンバーの状況を把握しておく必要があり，オフィスで集まって仕事をすることを前提としている。当然ながら，「分業」はしにくく，テレワークとの相性は悪い。ニューノーマル（新常態）において，テレワークが一定程度，新たな「働き方」に組み込まれることを想定すると，ジョブ型制度にシフトしていくことは自然な流れといえるだろう。

4　導入を検討する企業へのアドバイス

　これからジョブ型制度の導入を検討する企業へのアドバイスとしては，経営陣・事業責任者をきちんと巻き込んで構築していくことである。ジョブ型制度は組織構造との関係性が強い仕組みである。多くの企業で，人事制度の運用は人事部の役割，組織設計は経営陣・事業責任者の役割になっているが，ジョブ型制度においては人事部と経営陣・事業責任者と人事部が強力なタッグを組んで進めなければならない。しかし，経営陣・事業責任者の理解を得ることができないと，制度運用は頓挫しかねない。コーン・フェリーの実態調査のなかでも，制度運用上の課題のトップは「経営陣・現場責任者のジョブ型制度への理解不足」があがっている。

　経営陣・事業責任者の理解不足は，組織設計や人事制度運用をゆがめてしまう。たとえば，部下の処遇を下げないために，組織を増設したりすることも起こりかねない。また，職務記述書の更新をはじめ，もろもろの人事イベントを雑務ととらえられてしまうと，制度は形骸化する。それらを避けるためには，経営陣・事業責任者を巻き込み，きちんと腹落ちさせることが重要である。人事部だけで制度構築をしようとせず，丁寧にヒアリングをしたり，重要な論点はキーパーソンに議論に加わってもらったりするなど，うまく巻き込むことを心がけていただきたい。導入時点では，経営トップやキーパーソンが自分の言葉でジョブ型制度導入の趣旨や内容を語れるくらいが理想的といえる。

　これから，多くの企業でジョブ型制度の導入の検討がされるであろうが，ブームに乗って表面的に導入するのではなく，経営陣・事業責任者と人事部が議論を重ね，ジョブ型制度を自社に適用する意味合いや運用の仕方などを深く突きつめていただきたい。本稿が，その議論のきっかけになることを願っている。　　　　　　〔『人事実務』2020年10月号掲載記事の抜粋〕

プロフィール --

加藤守和（かとう・もりかず）　　一橋大学経済学部卒業後，シチズン時計で人事を経験。デロイト トーマツ コンサルティングと日立コンサルティングでのコンサルタントを経て，2007年にヘイグループ（現コーン・フェリー）に参画。

（豆知識）その3　賃上げとは

　64頁に続いて，春闘ニュースでよく耳にする「賃上げ」「ベア」についても，内容がわかりにくいかもしれません。これも簡単にまとめてみました。

賃上げ率：メディアで一般的に取り上げられるのは，平均賃金の引上げ率。いろいろな機関が集計して発表している。一般的には，信頼性が高いので（公表時期は夏過ぎで遅いが），厚生労働省の主要企業の賃上げ率が使われる。
　また，平均賃金でなく，個別賃金（たとえば30歳の標準労働者の賃金）の引上げ率は，連合が公表している。これは，そのような個別賃金ポイントでの要求をしている（進めている）ため。

ベア：ベース・アップの略。賃金表の改定。ベア＋定昇＝賃上げである。

定昇：定期昇給。定期的に自動的に昇給する仕組み。たとえば年齢や勤続に基づき1年に1回昇給する年齢給，勤続給がある場合は，定昇があるといえる。また，1年間で職務遂行能力が高まったとみなされてほとんどの人が自動的に昇給する仕組みをとっていれば（いわゆる習熟昇給），定昇といえる。
　職務給には，基本的な考え方として，定期昇給というものはない。もっと給料をほしいなと思った場合は，仕事を変わる（昇格する）ことになる（賞与は別に考えるとして）。

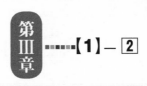

ケース別にみる
職務・役割給の法律上の留意点

岩田合同法律事務所　弁護士　**藤原　宇基**

ケースI　職能給から職務給・役割給への制度改定

ケースII　配転に伴う職務・役割等級の降格

ケースIII　職種限定合意と配転

【ダイジェスト】職務・役割給の導入・運用に際しては、押さえておきたい法律上の留意点がある。まず、制度導入時には、成果主義的な要素を強めることにより労働条件の不利益変更という問題が生じる。また、運用時には、現在の職務・役割に変更が生じた結果、賃金が減額となった場合の合理性が問題となる。さらに、職務・役割が固定される職種別採用における採用後の配転という問題もある。

ケースⅠ　職能給から職務給・役割給への制度改定

> 【ケース】　当社では，就業規則の変更によって賃金制度を改定しました。月例給与は「年齢給＋職能給＋資格手当」から職務給に一本化し，個人の成果をより反映させる仕組みとしました。
> ところが，新制度によって月例給与が減額となる中高齢社員から，就業規則の不利益変更は無効だという声があがっています。

(1)　基本的な考え方

　従来多くの企業で採用されていた職能給から，成果主義的な要素の強い職務給・役割給への見直しを図る企業が増えている。

　職能給は人の能力を評価して賃金を決定する賃金制度であるが，個々人の能力を評価し，賃金を決定することは容易ではないため，不公平になったり，能力とは無関係な年功序列となりやすい制度だといえる。一方，職務給・役割給は，担当する仕事（役割）の価値を評価して賃金を決定する賃金制度である。仕事の価値と賃金が結び付いているため，わかりやすく，成果主義的な要素の強い賃金制度となる。

　職能給から職務給・役割給への変更は，賃金の配分方法を見直すものであるが，人によっては賃金が減額される可能性があるため，これを就業規則（賃金規程を含む）の変更により行う場合は，就業規則による労働条件の不利益変更の有効性が問題となる。

　すなわち，変更後の就業規則を労働者に周知させ，かつ，就業規則の変更が，①労働者の受ける不利益の程度，②労働条件の変更の必要性，③変更後の就業規則の内容の相当性，④労働組合等との交渉の状況，⑤その他の就業規則の変更にかかる事情に照らして合理的なものであることが必要となる（労働契約法〈以下，労契法〉10条）。

【就業規則による労働条件の不利益変更の有効性の判断】

変更後の就業規則を労働者に周知させ，かつ，以下に照らして合理的
であること

①　労働者の受ける不利益の程度

②　労働条件の変更の必要性

③　変更後の就業規則の内容の相当性

④　労働組合等との交渉の状況

⑤　その他の就業規則の変更にかかる事情

　以下，成果主義型賃金制度への移行において，上記①から⑤の要素が認
められるかについて解説する。

(2)　就業規則による労働条件の不利益変更

1)　変更の必要性

　労働者にとって，賃金は重要な労働条件であるため，就業規則によりこ
れを不利益に変更するには，原則として，高度の必要性が求められる（**大
曲市農協事件**・最三小昭63.2.16）。

　しかし，賃金原資の総額を変えず，賃金配分の見直しのみを目的とする
場合は，事業の継続に不可欠という程度の高度の必要性は不要であり，経
営判断として合理的な範囲内であるという程度の必要性が認められればよ
いと考えられる（**東京商工会議所〈給与規程変更〉事件**・東京地判平
29.5.8）。

　裁判例では，「近時我が国の企業についても，国際的な競争力が要求さ
れる時代となっており，一般的に，労働生産性と直接結びつかない形の年
功型賃金体系は合理性を失いつつあり，労働生産性を重視し，能力・成果
主義に基づく賃金制度を導入することが求められてい」ることを理由に成
果主義型賃金制度への移行の必要性を認めたもの（**ハクスイテック事件**・
大阪高判平13.8.30）や，「職員の能力や成果を適正に評価した上，その評

価に応じた報酬を支給すること」を理由に年功序列の要素の強い賃金制度から役割給への移行の必要性を認めたもの（前掲・東京商工会議所〈給与規程変更〉事件）がある。

実務上，前掲・東京商工会議所（給与規程変更）事件において，賃金制度の変更に際し，外部のコンサルタント会社に依頼して職員へのヒアリング等を行い，従来の賃金制度・人事評価制度・等級制度についての改善の必要性を明らかにしている点が参考となる。

2）労働者の不利益

年功序列型賃金制度から成果主義型賃金制度に移行した場合，一部の従業員に不利益が生じる可能性があるが，評価次第で増額，減額のいずれの可能性もあることから，成果主義型賃金制度への移行時に賃金が減額するだけでは，合理性は否定されないと考えられる。前掲・東京商工会議所（給与規程変更）事件では，調整給を除き，月額ベースで約11パーセントの減額について，不合理ではないと判断されている。

また，労働者の不利益については，特定の者に大きな不利益を与えるものではないことにも留意する必要がある。**キョーイクソフト事件**（東京地八王子支判平14.6.17）では，年功序列型賃金制度を業績重視型賃金制度に改めるための原資を専ら高年齢層の労働者の犠牲において調達したものであるとして，変更は合理性を欠き無効であると判断されている。

3）変更内容の合理性

変更内容の合理性については，まず，成果主義型賃金への移行を目的としたものであり，人件費抑制を目的としているわけではないため，賃金原資の総額を減少させるものではないことが重要となる（**社会福祉法人賛育会事件**・長野地判平22.3.26）。

次に，成果主義型賃金への移行の場合，移行後の新人事制度の合理性も重要な判断要素となる。前掲・東京商工会議所（給与規程変更）事件では，新人事評価制度では，人事評価の仕組みができる限り客観性と透明性を保ったものとされていること，また，同制度の実施に際し，考課者に対

する研修が複数回行われていること，さらに，評価の適正に問題が生じた場合は直ちに対応されていることから，合理的な人事評価制度であると判断されている。

4）労使協議

　年功序列型賃金制度から成果主義型賃金制度への移行は，人事評価制度，等級制度，賃金制度を大きく変えるものであるため，適用対象となる労働者や労働組合からできる限り納得を得られるよう，十分に協議・交渉をすることが必要となる。

　実務上は，特に，賃金が減額される者に対しては，シミュレーションした資料を示すなどして，具体的な減額幅や激変緩和措置の内容等について説明することが重要である。

5）激変緩和措置

　賃金制度の変更により賃金が減額される者に対しては，激変緩和措置として一定期間，一定額の調整給を支給することが考えられる。調整給の額や期間はケースバイケースとなる。

　前掲・東京商工会議所（給与規程変更）事件では，減額分について３年間調整給が支給される（ただし，調整給は３分の１ずつ減額される）という経過措置について，十分に手厚いものであったかは疑問が残るが，一応の緩和措置としての意義はあり，調整給の支給期間中に２回の昇給・昇格の機会があることに照らすと合理性を基礎づける要素として考慮するに値する，と述べられている。

　また，**ノイズ研究所事件**（東京高裁平18.6.22判決）では，減額分について２年間調整給が支給される（ただし，調整給は２分の１ずつ減額される）という経過措置について，いささか性急なものであり，柔軟性に欠ける嫌いがないとはいえないのであるが，それなりの緩和措置としての意義を有することを否定することはできない，と述べられている。

　これらの事例を考慮すると，実務上は，段階的に減らしていく場合，少なくとも３年程度は減額分について支給する必要があると考えられる。

(3)　本ケースのチェックポイント

　本ケースでは，まず，賃金原資の総額に減額がなかったかを確認する必要がある。人件費抑制目的がないにもかかわらず，賃金原資の総額が減額されていた場合，就業規則の不利益変更の合理性が認められない可能性がある。

　次に，労働者の受ける不利益について，賃金の減額が生じる者の減額幅を確認するとともに，それが高年齢者等，特定の者にとってことさらに不利益になっていないかを確認する必要がある。

　さらに，新人事制度における人事考課や業績評価が公平・適正になされているかについても確認する。

　また，従業員や労働組合に対する説明が十分に行われていたか，賃金減額に対する調整給等の激変緩和措置が意義を有するものとなっているかを確認する必要がある。

　以上の点から制度改定が合理性を欠く場合には，新制度への改定は無効となり，月例給与が減額となる従業員に，従前の賃金との差額を支給しなければならなくなる可能性があるといえる。

ケースⅡ　配転に伴う職務・役割等級の降格

> 【ケース】　当社は役割等級制度を導入しており，管理職以上の社員については，役割と責任の大きさに基づいて役割等級に格付けしています。賃金規程では，役割等級と役職は連動し，それに応じて役割給が支給される旨を規定しています。
>
> 　今回，会社業績の不振を受け，東京支社の営業部長を地方支社に異動させ，地方営業の見直しを図ることにしました。ただし，異動に伴い，役割等級の降格，役割給の減額となります。

（1） 基本的な考え方

1） 配転（異動・転勤）命令の有効性

本ケースでは，配転（異動・転勤）命令の有効性が問題となる。

配転命令が有効であると判断されるためには，就業規則等に「業務上の必要性があるときは配転を命ずることがある」という内容の，①配転に関する根拠規定があること，「職種・勤務地を変更しない」という内容の，②職種・勤務地限定の合意がないこと，③配転命令が権利濫用と評価されないこと（労契法3条5項）が必要となる。

2） 配転命令権の濫用にあたるか否かの判断基準

配転命令権の濫用にあたるか否かの判断基準については，確立した判例法理がある。すなわち，ⅰ）配転に業務上の必要性が認められない場合，または，ⅱ）配転に業務上の必要性があっても，⑦配転が他の不当な動機・目的でなされる場合，もしくは，④配転により労働者に対して通常甘受すべき程度を著しく超える不利益を与える場合には，配転命令は権利濫用として無効となる（**東亜ペイント事件**・最二小判昭61.7.14）。

【配転命令の有効性の判断】

① 就業規則等に配転に関する根拠規定がある（ない場合は，労働者の個別同意が必要）

② 職種・勤務地限定の合意がない（ある場合は，労働者の個別同意が必要）

③ 配転命令権の濫用とならない

　ア　業務上の必要性がある

　イ　不当な動機・目的がない

　ウ　労働者に通常甘受すべき程度を著しく超える不利益を負わせるものではない

---

(2) 降職，降給となる場合の配転命令

　職務によって給与額が決まっている職務給や役割によって給与額が決まっている役割給が採用されている場合，配転により職務や役割が変更することに伴い，給与が減額されることがある。

　このような給与の減額を伴う配転が有効であるかについては，次のような観点から判断される。

---

① 　職務や役割の変更に伴い賃金が変更される賃金制度が，労働契約の内容となっているか
② 　配転命令の有効性はあるか

1）賃金制度が労働契約の内容となっていること

　まず，賃金制度が労働契約の内容となっていると認められるためには，その賃金制度が賃金規程として定められており，その内容が合理的なものである必要がある（労契法7条）。職務や役割に応じて賃金を変更する職務給や役割給自体は，一般に合理的なものであると認められるが，賃金規程に職務・役割の変更に応じて給与が変わることについて，具体的に規定しておくことが重要である。

　この点，**L産業（職務等級降給）事件**（東京地判平27.10.30）では，「給与規則Ⅰ・Ⅱの内容，新制度導入時に社員に配布されたガイドブックの記載内容からすれば，新制度の下では，社員を管理職に相当するマネジメント職と，エキスパート群とディベロップメント群から成るそれ以外の一般職とに分けた上で，それぞれの職務の種類・内容，所掌の範囲やその重要性・責任の大小，要求される専門性の高さ等に応じて細分化したグレードを設定し，個々のグレードに対応する基本給の基準額とその範囲を定め，これを基礎にして支払給与及び賞与その他の処遇を定めているのであり，担当職務に変更が加わればこれに対応してグレード・基本給にも変更が生じることも当然に予定され，これらの点が就業規則・給与規則において具

体的に明らかにされ，社員に対する周知の措置が講じられることにより，被告と社員との労働契約の内容を成していたものと認めることができる」と判示されている。

　また，**一般財団法人あんしん財団事件**（東京地判平30.2.26）では，「新人事制度において，役職とグレードを連動する仕組みを採用することとし，グレード定義上，管理職の『M』グレードと一般職の『S/G』グレードに分けた上で，それぞれの職務の種類，内容，職掌の範囲やその重要性，責任の大小，要求される専門性の高さ等に応じて細分化したグレードを設定し，個々のグレードに対応する基本給の基準額とその範囲を定め，これを基礎として給与及び賞与その他の処遇を定めたものである。そうすると，新人事制度の導入に当たって作成された本件給与規程におけるグレード格付けには，上記のような担当職務の変更に伴う昇格又は降格も含まれていると解するのが相当である」と判示されている。

２）配転命令の有効性

　次に，配転に伴い降職，降給となる場合の配転命令の有効性については，一般の配転命令の有効性の判断基準と同じ基準が用いられ，降職，降給を伴うことは１つの考慮要素とされる。

　この点，前掲・L産業（職務等級降級）事件では，「本件人事発令にあっては，マネジメント職からそれ以外の一般職というべきディベロップメント群に属する医療職への担当業務の変更が命じられたものであり，これに伴う給与規則所定のグレードの変更についても，担当職務の変更と一体のものとして，業務上の必要性の有無，不当な動機・目的の有無，通常甘受すべき程度を著しく超える不利益の有無等について検討し，人事権の濫用となるかどうかという観点からその効力を検討するのが相当である」と判示されている。

　また，前掲・一般財団法人あんしん財団事件でも，「原告X$_1$が問題とする当該降格処分は，本件配転命令によって必然的に生ずるものということになるため，原告X$_1$に対する本件配転命令が違法なものであるかどうかを検討する際の１つの要素として考慮するのが相当である」と判示され

ている。

(3) 本ケースのチェックポイント

本ケースでは，まず，賃金規程に，役割の変更により賃金が増減することが明記されている必要がある。

次に，配転命令が権利濫用とならないか，業務上の必要性，労働者の被る不利益，不当な動機・目的について検討する。営業部長の配転の目的に，地方支社のてこ入れという業務上の必要性が認められるとともに，そのほかに営業部長を退職に追い込むなどの不当な動機，目的は認められないことが必要となる。

配転に伴う給与減額の程度によっては，労働者に通常甘受すべき程度を著しく超える不利益を負わせるものと判断されないよう，一定期間をかけて減額をする等の緩和措置を取るという対応策が考えられる。

ケースⅢ　職種限定合意と配転

【ケース】　当社には，2年前にチーフコンサルタントとして採用された社員がいます。このたび，来年度から事業再編に伴い同職種が廃止されることになったため，この社員を外勤営業部に配転させることにしました。

ところが，本人に打診したところ，職種限定合意があるのだから，配転は受けられないと主張しています。このままでは，職種の廃止により解雇を検討せざるをえません。

(1) 基本的な考え方

労働契約において職種限定の合意がある場合，それに反する一方的な配転命令は無効となる。

職種限定の合意が，労働契約締結時に明示的になされる場合や，就業規

則等に明示的に記載されている場合は，合意の有無について問題となることは多いとはいえない。他方，職種限定の合意が，黙示的になされる場合は，合意の有無が問題となる。

　この点，職種限定の合意は，長年同一の職種に従事しているだけでは生じない（**日産自動車村山工場事件**・最一小判平元.12.7）。

　職種限定について黙示の合意が認められるか否かは，採用に至るまでの労使双方の事情，求人広告の内容，採用面接時における労使の言動，採用条件と採用後の勤務形態等を，職種限定のない一般の労働者との相違の有無という観点も加味して考慮して，判断する。

(2)　職種限定合意の有無

　以下に，職種限定の合意が認められた裁判例と認められなかった裁判例をいくつか紹介したい。

① **ヤマトセキュリティ事件**（大阪地決平9.6.10）
　警備会社の社長秘書として採用された語学堪能な大学卒の女子に対する警備業種への配置転換の有効性が争われ，職種限定の合意が認められた事案である。

　同事案では，就業規則上は「会社は，業務の都合や人材育成などの必要に応じて，社員の職場もしくは職務，職種の変更，転勤，派遣及びその他人事上の異動を命ずることがある。前項の命令を受けた社員は，正当な理由なくこれを阻むことは出来ない」という配転条項があったが，裁判所は，求人広告に「社長秘書募集」「英語堪能」等の記載があったこと，採用面接時に警備業務への職種変更について明確な説明をしていないこと，警備業務に従事する者は警備業法所定の書類を指定され，また，就業規則上も就業時間，休憩時間等について別異に取り扱われていること等を理由として，当該女子と会社には，事務系業務の社員として採用する旨の合意があり，就業規則上の配転条項は適用されないと判断した。

社長秘書のような特殊な職種の採用を行う場合，採用後の職種の変更がありうるのであれば，求人募集にその旨を記載しておくことが必要である。

② **学校法人東邦大学（大橋病院）事件**（東京地判平10.9.21）

看護婦について，採用以来，専門的知識，経験を活かした業務に従事していたこと，就業規則にも看護職に関する規定があったこと等から，職種限定の合意が認められた事案である。

採用時に職種が限定されている専門職の労働者は，職種限定の明示的な合意がなくても，比較的，職種限定が認められやすいといえる。ただし，同事案では，看護婦の募集業務および看護婦の離職防止業務についても看護婦が従事する業務であるとして，同業務を担当する看護問題対策室への配転命令が有効と判断された。職種限定の合意があったとしても，職種の範囲内で職務内容を変更することは可能である。

③ **東京サレジオ学園事件**（東京高判平15.9.24）

児童福祉施設で，約20年にわたり児童指導員として勤務した従業員に対する厨房の調理員への配転命令の有効性が争われ，職種限定の合意が否定された事案である。

裁判所は，当該従業員が，採用時に児童指導員としての資格を有しておらず，また，その後，児童指導員の資格を取得した際に新たな職種限定の合意が成立したとは認められないこと，児童指導員の資格が医師や看護師等と同等の高度の専門性を有する職種とまでは認められないこと等から，職種限定の合意は認められないと判断した。

専門性の高くない職種の場合，長年同一職種に従事しているだけでは職種限定の黙示の合意があったとは認められない。

④ ジブラルタ生命（旧エジソン生命）事件（名古屋高判平29.3.9）

　生命保険会社において，営業社員の採用育成および管理職（SPL：ソリューションプロバイダーリーダー）として採用された従業員が，採用直後の同社の合併を契機に，SPL以外の自らも保険営業活動を直接行う職務等への配転を命じられたことの有効性が争われ，職種限定の合意が認められた事案である。

　一審裁判所は，SPL候補者用入社のしおり，雇用契約書，給与体系，および当該従業員の採用面接時の担当者の言動等からは，SPLの業務から保険契約の募集等が除外されているとは認められず，また，同社の就業規則には，配転条項があることから，当該従業員について，自ら保険契約の募集等はしないとの職種限定の合意があったとは認められないと判断した。

　しかし，二審裁判所は，当該従業員が自らの経験やキャリアを活かし，営業社員を採用育成する業務に就くことを特に希望して応募していたこと（入社の動機），採用に至るまでに会社側は当該従業員の入社の動機を直接または間接に把握していたこと（入社の動機の把握），SPL規定にはSPLの業務が営業社員の育成指導や管理であることが明記されていること（会社側の意図），当該従業員には入社後の2年間は自らの営業活動の有無にかかわらず固定給が保障されていたこと（給与体系），当該従業員は入社後，自ら営業活動を行ったことはなく，これを命じられたこともないこと（採用後の勤務形態）等を総合考慮して，当該従業員について，入社後2年間は，職種をSPLに限定し，その業務内容は営業社員の育成指導や管理に限定されており，自ら直接的な営業活動を行うことは義務的な業務とされていないという職種限定の合意があったと判断した。

　SPLは，医師や看護師等の国家資格や高度の専門性を有する職種とまではいえず，また，SPLにも当該従業員とは異なり自ら営業活動をしている者もいたと思われることから，同事案は職種限定の合意とい

うよりは，より具体的な職務内容限定の合意のケースであると解される。

即戦力として職務内容を限定して中途社員を採用する場合や，職務記述書等により職務内容を限定して採用する場合は，入社後に職務内容の変更がありうるのであれば，その旨を採用過程において明示しておくことが重要となる。

(3) 職種限定合意がある場合の職種廃止と解雇，配転

1）職種廃止と解雇

使用者側の事情による整理解雇の場合，いわゆる整理解雇の4要素（人員削減の必要性，解雇回避努力義務の履行，被解雇者選定の合理性，労働者・労働組合に対する説明・協議）が必要となる。

そして，職種限定の合意があったとしても，職務内容の変更等により可能な限り解雇回避を検討することが使用者には求められるものと解される（ただし，勤務地限定の合意がある場合の当該勤務地の閉鎖の場合と比べると，職務の性質上，職務の変更にはおのずと制約があり，解雇を避け難い場合も少なからずあるものと解される）。

2）職種廃止と配転命令

職種限定の合意がある場合，労働者の個別の合意がなければ，職種を変更することができないのが原則である。もっとも，社会情勢の変動に伴う経営事情により当該職種を廃止せざるを得なくなるなど，当該職種に就いている労働者をやむなく他職種に配転する必要性が生じた場合でも，労働者の同意がないと配転することはできないとするのは，企業に過重な負担を課すものとなる。

このような場合，採用経緯と当該職種の内容，使用者における職種変更の必要性の有無およびその程度，変更後の業務内容の相当性，他職種への配転による労働者の不利益の有無および程度，それを補うだけの代替措置

または労働条件の改善の有無等を考慮し，他職種への配転を命ずるについて正当な理由があるとの特段の事情が認められる場合には，当該他職種への配転を有効と認めるのが相当とする裁判例がある（**東京海上日動火災保険〈契約係社員〉事件**・東京地判平19.3.26）。

　また，職種限定を合意して入社した直後に職種の廃止により職種の変更を命じる際には，変更前の職種と同等か近い条件の職種や職場に移行することができるよう，丁寧で誠実な対応をすることが信義則上求められるとする裁判例もある（前掲・ジブラルタ生命〈旧エジソン生命〉事件）。

　職種限定の合意がある場合でも，職種廃止等の事情があれば，配転命令により職務を変更することは可能だが，慎重に行う必要がある。

(4)　本ケースのチェックポイント

　当該社員について，チーフコンサルタントとして，外勤営業業務が課されない職種限定の合意があると認められるか否かが問題となる。

　まず，雇用契約書や就業規則において，チーフコンサルタントの業務には外勤営業業務が除外される旨の規定（配転条項等）がなされているかを確認する（明示的な合意）。

　明示的な合意がない場合，採用までの労使双方の事情，求人広告の内容，採用面接時における労使の言動，採用条件と採用後の勤務形態等から，職種限定のない労働者との相違の有無も考慮して，職種限定に対する黙示の合意があったかどうかが判断される。

　以上の点から職種限定合意が認められなければ，職種の廃止に伴い配転を命じることは可能となる。職種限定の合意がある場合に職種廃止等の事情が生じた際には，配転命令による職務内容の変更等を丁寧に検討し，可能な限り解雇回避を図ることが求められる。

プロフィール--

藤原宇基（ふじわら・ひろき）　2003年東京大学法学部卒業。2008年9月弁護士登録，外井法律事務所入所。2015年4月より岩田合同法律事務所。第一東京弁護士会所属。取扱業務は，主に労働災害，解雇，偽装請負，男女差別，競業避止義務違反，未払い賃金，残業代等，労働条件に関する裁判，労働審判，労働委員会，法律相談など。

日本的ジョブ型の安易な導入は要注意
―1990年代後半からの動向を踏まえて―

ジャーナリスト　溝上　憲文

注目集めるジョブ型（職務給）雇用

　コロナ禍の働き方が変化するなかでジョブ型（職務給）雇用が注目を集めている。リクルートキャリアの「ジョブ型雇用に関する人事担当者対象調査」（2020年9月26日〜30日）によるとジョブ型導入企業が12.3％，従業員5,000人以上の企業では19.8％となっている。「導入していないが，検討中である」企業が23.5％，従業員5,000人以上は28.3％と大企業ほど導入率が高く，関心が高い。

　また，導入済み企業の制度導入時期は2019年4月〜2020年5月以前が47.0％，コロナ禍の2020年6月以降が22.0％と多くが比較的最近だ。導入理由は「特定領域の人材（デジタル人材など）を雇用するため職種別報酬の導入が必要」（54.3％），「新型コロナウイルスの影響により，テレワーク等に対応し業務内容の明確化が必要」（46.3％）と回答している（複数回答）。この2つの理由は導入検討企業でも多い。デジタル人材など報酬の高い優秀人材を獲得するには現行の賃金制度が障害となっていること，また職務範囲が明確なジョブ型がテレワークと相性がよいとされることも理由の1つになっている。

ジョブ型雇用と日本型雇用の違い

　しかし，こうした理由やメリットだけを期待し，安易に導入するのは要注意だ。当然，ジョブ型の副作用もある。そもそも本来のジョブ型は日本型雇用とは真逆の関係にある。

　欧米のジョブ型雇用は，職務内容を明確に定義したジョブディスクリプション（職務記述書）に基づいて採用・任用する「仕事基準」であり，賃金も担当する職務（ポスト）ごとに決まる単一給が基本だ。人事異動や昇進・昇格の概念がなく，賃金を増やすには高いポストに必要なスキル習得が求められる。採用も新卒・中途に限らず，必要な職務スキルを持つ人をそのつど採用する「欠員補充方式」が一般的だ。この原則は時代とともに少しずつ変化し，米国は1970年代以降，ホワイトカラーに職務の違いだけではなく，

ジョブ型雇用　　　日本型雇用

スキル　スキル
ポスト

スキル　スキル
ポスト

ポスト　　ポスト

昇格

新卒一括採用

そこでのパフォーマンスを処遇に反映するようになる。

　それに対して日本型雇用は，職業スキルのない学生を「潜在能力」を基準に採用する「新卒一括採用」に始まり，入社後にOJTやジョブローテーションによって長期にわたって育成する。人事異動も頻繁に行われ，配置や昇進・昇格は蓄積された保有能力や適性を評価し，人に仕事を当てはめる「人基準」だ。賃金も求められる「職務遂行能力」を等級ごとに定義し，等級に応じて決まる（職能給）。ノースキルの新人を長期に育成する以上，一律初任給を基本に生活保障給としての定期昇給と職能給によって毎年積み上がっていく。本来，職能給は能力要件をクリアしないと昇給しないが，保有能力を客観的に測る指標がなく，仕事の経験年数を重視するようになる。加えて，保有能力はよほどの事情がない限り落ちることがないために「降格」が発生せず，おのずと年功的賃金にならざるを得ない面があった。

日本で導入されているのは，ジョブ型ではなく，日本的ジョブ型

　ジョブ型といっても日本型雇用とは大きな違いがある。実は導入企業の多くは欧米のジョブ型をまねようとするのではなく，ジョブ型の賃金制度に着目し，その目的は脱年功主義とグローバル人事への対応にあった。いわば日本的ジョブ型とも呼ぶべき人事制度である。

　日本的ジョブ型の萌芽は1990年代後半から2000年初頭の業績低迷期にある。当時，人件費抑制策として成果主義の名の下に年功的賃金改革が大流行するが，結果的に中途半端な改革に終始し，成果主義の失敗とも呼ばれた。そのなかでジョブ型を一部採用した「職務・役割給」（以下，職務給）を導入した企業もある。ただし，この場合の職務は仕事基準ではあるが，細かく定義した職務ではなく，職務・職責を大くくりに定義したものだ。しかも完

全な職務給への移行ではなく，年功的要素を持つ職能給と役割給を併存させる和洋折衷型の賃金制度だった。

「職務給」の広がり

　この賃金制度は徐々に広がっていく。日本生産性本部の2016年の調査によると管理職層で最も多いのは「職能給と役割・職務給併用」が49.6％を占めるまでになる（第15回日本的雇用・人事の変容に関する調査）。そのなかで，大手企業で最初に仕事基準の完全職務給を導入したのがキヤノンだった。2001年に管理職に導入し，2005年に非管理職も含めて一本化した。従業員個々の仕事の職務分析・評価を実施し，職責・職務内容を定義した職務等級を設定。賃金は等級ごとに決まるが，一定のレンジを設けた職務範囲給だ。仕事基準である以上，年功的な一律の定期昇給を廃止し，家族手当，住宅手当，皆勤手当などの属人手当も廃止し，基本給一本に統一した。目的は脱年功賃金と国内外のグループ企業に統一した制度を導入することによって世界の人材の"適所適材"の配置を実施することにあった。また，いったん格付けされた職務等級もジョブサイズや職責など職務内容が変われば変更され，職責を果たせないと評価されると降級・降給も発生する。同社は導入3年目で管理職層300人が昇級する一方で，150人が降級している。

　日本におけるジョブ型雇用はキヤノンが原型であり，あくまでジョブ型の賃金制度を導入したにすぎない。本来のジョブ型にはない会社主導の転勤などの人事異動も実施され，米国流の人事評価も実施され，定期昇給はないが等級レンジ内の評価昇給や昇進・昇格にあたる等級のアップダウンも実施されている。さらにノースキルの新卒の一括採用も行われている。

経団連の後押し

　この日本的ジョブ型の導入を経団連も後押ししてきた。2007年5月に発表した「今後の賃金制度における基本的な考え方」と題する提言で職務給を推奨。2008年5月には「仕事・役割・貢献度を基軸とした賃金制度の構築・運用に向けて」を発表している。このときの経団連会長はくしくもキヤノンの御手洗冨士夫会長だった。ちなみに当時の経団連幹部に御手洗会長の出身企業のキヤノンの賃金制度を意識しているのかと質問すると「そういう面もあると思うが，仕事・役割・貢献度をどう定義して評価するかであり，キヤノンがどうのという問題ではないと思う」と答えている。

　その後，ジョブ型賃金制度は徐々に普及し，2014〜15年には日立製作所，ソニー，パナソニックの電機大手3社が「完全職務給」を導入した。日立製作所は「職位加算給」と「職能資格給」の2つで構成していた基本給を役割

給に一本化。2014年10月に管理職１万1,000人に導入し，2021年４月から非管理職層にも導入する予定だ。

　そしてまたジョブ型導入の旗を振っているのが日立製作所出身の中西宏明経団連会長だ。ただし，脱年功主義のジョブ型雇用の導入だけではなく，新卒一括採用の見直し発言をたびたび繰り返してきた。2021年１月に公表される春闘指針の「経営労働政策特別委員会報告」では，前年のジョブ型雇用の導入の提言に続いて「新卒からジョブ型雇用の対象とする方針を盛り込む」と報道されている。職務給導入に続いてジョブ型新卒採用が進めば，日本型雇用にも大きな変質をもたらす可能性もある。

ジョブ型賃金制度の３つの副作用

　しかし，ジョブ型賃金制度の導入だけでも運用上の困難な課題を抱えている。まず，従来の導入企業では，①昇・降級を含む人事異動，②適正な人事評価，③チームワークの阻害——の３つの副作用が発生した。ある企業ではあえて低い職務等級に異動させざるを得ない事態がたびたび発生し，その結果，職務給を補填するために調整給の付与が多量に発生したり，処遇のためのポストを創設するなどして制度が形骸化した。また別の企業は職務不適格者を降格・降級できずに，人事が停滞し，実質的に制度が破綻した事例もある。

　機能させるには，②の適正な評価が不可欠だが，当初は評価に納得できずに社員の不満が爆発した企業も多い。キヤノンの元幹部も「当初は社員の納得度は低かったが，昇格・降格だけではなく，部門間の異動を含めて定着するまでに10年かかった」と語っている。さらに個々の職務範囲にこだわりすぎて，③のようにチームの業務に支障を来したり，管理職の業務負担が増大した事例もある。テレワーク仕様に適しているといっても実際の組織運営では齟齬をもたらす可能性もある。

　また，ジョブ型は従来の固定費の年功的賃金から，職務やポストを調整することで中・長期的に人件費を変動費化できるメリットがある。加えて「仕事基準」の職務給によって住宅手当，家族手当などの属人手当の必要性も薄れる。コロナ禍の業績不振，あるいは2020年10月の正社員と非正規の待遇格差をめぐる最高裁の判決で不合理と判断された非正規社員への諸手当支給を避けたいという理由で，安易にジョブ型を選択する可能性も否定できない。そうなると，2000年初頭に発生した“成果主義の失敗”が再来することになりかねない。

プロフィール---

溝上憲文（みぞうえ・のりふみ）　1958年鹿児島県生まれ。明治大学政治経済学部卒。『隣の成果主義』『非常の常時リストラ』『人事部はここを見ている』等著作多数。

（豆知識）その４　賃金制度の導入率

　日本企業で職務給は，あるいは職能給は，どのくらいの割合で導入されているのでしょう。残念ながら，それがわかるような調査は存在しません。

　日本生産性本部，経団連，当所等が，数年に一度，賃金制度の導入率を調査していますが，日本全国の企業を網羅するような大規模調査ではありません。

　加えてややこしいのが，制度の名称の問題です。賃金制度の名称については，法令では定められてはいません。各社が自由に名付けます。そのため，名称からイメージされるものと実態とは異なる場合があります。たとえば，社内では「職務給」と呼ばれていても実態は「役割給」という場合，あるいは，社内では「仕事給制度」と呼ばれていても実態は「年齢給」という場合など。調査の質問の仕方，回答者の考え方によっても，回答がぶれる可能性があります。

　そうはいっても，正確でなくてもよいので，何らかの実態がわかる資料がほしいものです。そんなときは，ある程度幅を持って数値をみるという前提で，上記の調査結果を参考にするとよいでしょう。下記に，主な調査機関の一番新しい結果を紹介します。

表　賃金制度の導入状況

(%)

区分	年齢・勤続給	職能給	職務給	役割給	成果・業績給
【①日本生産性本部調査（2019年）】					
管理職	26.7	57.8	└──── 78.5 ────┘		―
非管理職	47.1	76.5	└──── 57.8 ────┘		―
【②産労総合研究所調査（2020年11月）】					
管理職	―	61.7	└──── 70.5 ────┘		18.0
非管理職	―	71.0	└──── 51.9 ────┘		14.8

資料出所：日本生産性本部「第16回日本的雇用・人事の変容に関する調査」（2018年），産労総合研究所「第８回人事制度等に関する総合調査」（2020年）

「同一労働同一賃金」をめぐる
新たな最高裁判決

① 2020 年最高裁判決のポイント

成蹊大学 教授 **原 昌登**

【ダイジェスト】2020 年 10 月に示された最高裁 5 判決は、賞与・退職金に関する判断と、各種手当に関する判断が大きく異なる。前者は功労報償、賃金の後払い、将来の意欲向上といった多様な性質（趣旨）が含まれうるものであり、使用者の裁量をより尊重すべきであるため、その「目的」が考慮され、重視される。一方、後者はその性質（趣旨）が考慮される。さらに、比較対象となる労働者は原告労働者の選択によることが明確にされた。また、正社員登用制度は不合理性を否定する「一要素」として扱われている。

　2020年10月，*¹労契法20条をめぐる５つの最高裁判決（大阪医科薬科大学事件，メトロコマース事件，日本郵便（日本・大阪・佐賀）事件）が出された。労契法20条は「働き方改革」によって「短時間労働者及び有期雇用労働者の雇用管理の改善等に関する法律」（以下，パート・有期法）の８条に引き継がれ，いわゆる「**同一労働同一賃金**」のルールとして企業が対応すべき課題となっている。

　今回の５判決は，企業が「同一労働同一賃金」の実現に取り組むうえできわめて重要な意味をもつ。特に，有期労働者（非正社員）に対する賞与，退職金の不支給を適法，扶養手当の不支給を違法と判断した点が注目される。そこで本稿では，判決の内容を具体的な労働条件の項目ごとに再構成し，今後の実務に活かすポイントを明らかにしたい。

（ⓐ〜ⓒ，太字や囲みなどは筆者による。以下同じ）

※今回の５判決を紹介・検討した文献として以下がある。

　水町勇一郎・労働判例（労判）2020年11月15日号５頁

　光前幸一・ビジネスガイド2020年12月号５頁

　峰　隆之・労務事情2020年12月15日号６頁

---

*¹**労契法20条**：有期労働契約を締結している労働者の労働契約の内容である労働条件が，期間の定めがあることにより同一の使用者と期間の定めのない労働契約を締結している労働者の労働契約の内容である労働条件と相違する場合においては，当該労働条件の相違は，労働者のⓐ**業務の内容及び当該業務に伴う責任の程度**（以下この条において「**職務の内容**」という。），ⓑ**当該職務の内容及び配置の変更の範囲**ⓒ**その他の事情**を考慮して，不合理と認められるものであってはならない。

1　５判決全体をとおして

(1)　労働条件によって異なる判断枠組み

　今回の５判決は，賞与・退職金に関する判断と，各種手当に関する判断

が大きく異なる点に特徴がある。

　ポイントをまとめると，賞与や退職金のように，功労報償，賃金の後払い，将来の意欲の向上といった**多様な性質（＝趣旨）**が含まれうる労働条件については，制度設計等において使用者の裁量をより尊重すべきであるため，その「**目的**」を考慮し，かつ**重視する**判断枠組みが取られた。他方，各種手当は，その性質が明確であるため（たとえば住宅手当の性質が住宅費用の補填にあることは明らかである），主にその「**性質（趣旨）**」を考慮した検討がなされており，賞与，退職金のように目的を重視する判断枠組みは取られていない。

　判断枠組みの違いは，結論にも大きく影響する。簡単にいえば，主観的な目的を考慮すればするほど，有期と無期の相違は不合理ではないという結論になりやすいし，各労働条件の客観的な性質（趣旨）に着目すると，その性質が有期労働者についても当てはまる限り，相違は不合理という結論につながる（判決のいう「目的」を主観的なもの，「趣旨（性質）」を客観的なものと理解するのが今回の５判決を理解するポイントである）。

　「目的」の重視は使用者の主観を重視することにつながり，妥当ではないという議論もありうる（前掲・水町16頁等）。引き続き検討が必要であるが，本稿ではその議論には立ち入らず，最高裁の５判決の内容をできるだけわかりやすく紹介し，実務に活かすポイントの探究に徹することとしたい。

(2)　比較対象労働者

　最高裁が一般論として述べたわけではないが，各判決が共通の立場をとったものとして，**比較対象労働者**の設定がある。これは，相違が不合理か否かを検討する際，無期労働者（正社員）の**だれと比較するか**という問題である。職務内容や人事異動が大きく異なるような，典型的な「正社員」といえる無期労働者と比較すれば不合理性は否定されやすくなるし，逆に，それらが有期労働者に近い正社員と比較すれば，不合理性は肯定されやすくなるわけである。

　この点，従来は，訴訟を提起した有期労働者が選択した（指定した）労

働者を比較対象とする立場（メトロコマース事件の高裁判決等），正社員全体とする立場（大阪医科薬科大学事件の高裁判決等）など，判断が分かれていたが，最高裁は，**原告労働者の選択**に沿って判断するという立場を採用した。つまり，企業側が典型的な正社員との比較を主張して不合理性を否定しようとしても，認められないということである。労働条件の項目ごとの検討に入る前に確認しておきたい，実務的なポイントの１つといえる。

(3) 登用制度の位置付け

また，今回の５判決においては，偶然，すべての事案において正社員への登用制度が設けられていた。詳細は省略するが，労契法20条にいう「その他の事情」として，不合理性を否定する一要素と扱われている。確かに，待遇改善を望むなら正社員になればよい（だから，有期労働者と正社員には一定程度の差があってよい）という一般論も成り立ちうる。しかし他方，諸事情から正社員を選択しえない有期労働者にとっては，登用制度の存在は意味がない。よって，登用制度の存在は，不合理性の判断であまり強調されるべき要素ではないと解される（前掲・水町18頁も参照）。

企業としても，登用制度を相違の不合理性を否定する要素として主張する場合は，あくまで補助的な要素にとどめるべきであろう。

2 賞与（[*2]大阪医科薬科大学事件）

(1) 最高裁判決の内容

賞与に関するこれまでの紛争では，定年後継続雇用者であることなどを理由に不支給の不合理性を否定した事例（長澤運輸事件）を除くと，有期

[*2]**大阪医科薬科大学事件**　学校法人Ｙにおいて，Ｙと有期労働契約（以下，有期契約）を締結していたアルバイト職員Ｘと，無期労働契約（以下，無期契約）の正職員の労働条件の相違について争われた。

労働者に対し金額は低いとしても賞与あるいは賞与に相当する支給を行っていた事例が複数みられ，いずれも相違の不合理性が否定されていた（メトロコマース事件，日本郵便（大阪）事件のほか，井関松山製造所事件・高松高判令元.7.8等）。これらに対し，大阪医科薬科大学事件の高裁判決は，賞与は正職員として賞与算定期間に**在籍し，就労していたことそれ自体に対する対価**としての性質を有し，正職員と同様に在籍し就労していたアルバイト職員に対し，額の多寡はあるにせよ，まったく支給しないとすることは不合理であるとして，正職員の60％を下回る支給しかしない場合は不合理な相違であると判断し，注目されていた。

　今回，賞与の不支給を不合理ではないと判断した大阪医科薬科大学事件の最高裁判決は，次のように整理できる（以下，判決の紹介部分は□□で囲む形にする）。

　①一般論として，有期労働者と無期労働者の「労働条件の相違が**賞与の支給に係るものであったとしても，それが同条〔労契法20条〕にいう不合理と認められるものに当たる場合はあり得る**ものと考えられる。もっとも，その判断に当たっては，他の労働条件の相違と同様に，当該使用者における賞与の**性質**やこれを支給することとされた**目的**を踏まえて同条所定の諸事情を考慮することにより，当該労働条件の相違が不合理と評価することができるものであるか否かを検討すべきものである」。

　一般論とはいえ，**賞与の相違も不合理となる可能性があること**を最高裁が初めて述べたもので，実務的に重みがある。**賞与もいわば「聖域」ではないこと**を確認したもので，企業としては忘れずにチェックしておくべき点である。

　②本件における賞与について，「通年で基本給の4.6か月分が一応の支給基準」であることや「その支給実績に照らすと，」「第1審被告〔Y〕の業績に連動するものではなく，**算定期間における労務の対価**

の後払いや一律の功労報償，将来の労働意欲の向上等の 趣旨 を含む
ものと認められ」，「正職員としての職務を遂行し得る人材の確保やそ
の定着を図るなどの 目的 から，正職員に対して賞与を支給すること
とした」ものである。

このように，賞与という労働条件の「目的」に着目し，目的を重視する
判断枠組みを取った点が，今回の５判決のなかでも特に重要なポイントで
ある（前記１（128〜130頁）も参照）。上記②は，前半で，賞与の客観的
な「趣旨」（＝「性質」）が，労務の対価の後払い，功労報償，労働意欲の
向上等の多様なものを含むとする。こうした趣旨（性質）は，部分的には
有期労働者にも当てはまるといえる。したがって，趣旨（性質）を強調す
れば，金額はともかく，有期労働者にまったく支給しないとする扱いは不
合理といえる可能性もある（その意味で，高裁判決の立場がおよそありえ
ないというわけではない）。しかし最高裁は，正社員としての人材の確保
という目的をあわせて考慮するという枠組みを採用し，以下のように不合
理性を否定する結論を導いたのである。

③賞与の趣旨（性質），支給目的をふまえ，正職員とアルバイト職
員の職務の内容等を考慮すると，賞与に関する労働条件の相違は，
Xに対する年間の支給額が正職員の基本給及び賞与の合計額の55％程
度の水準にとどまることなどをしんしゃくしても，「不合理であると
まで評価することができるものとはいえない」。

(2) 実務に活かすポイント

正社員としての人材確保のために正社員の優遇を認めるという考え方
は，「正社員人材確保論」と呼ぶことができよう（前掲・水町16頁）。これ
までの裁判例においても，有為な人材の確保のために正社員の優遇を認め
るという考え方（いわゆる「有為人材確保論」）を取るものが複数みられ
た。両者の違いについては，より一般的な「有為人材確保論」に対し，「正

社員人材確保論」はあくまで「正社員」としての人材確保を念頭に置いており，まさに**典型的な正社員**として，人事異動が頻繁に行われ，長期の勤続のなかで能力に伴い賃金が上昇する職能資格制度の下で就労していることが前提となると位置づけられる（大阪医科薬科大学事件も，このような正職員の実態を前提としている）。

つまり，今回の賞与に関する最高裁の判断は，およそすべてのケースに当てはまるというわけではない。あくまで，有期労働者と比較される無期労働者が，正社員として上記のような実態で就労していることが必要である。たとえば，正社員であっても人事異動がなかったり，職能資格制度（職能給制度）でなかったりすれば，正社員人材確保論を用いる根拠に欠ける。その場合は，もっぱら賞与の客観的な趣旨（性質）に着目することになり，結果として相違（とりわけ不支給）が不合理とされる可能性は十分にあると思われる（前掲・峰17頁も参照）。

したがって，今回の判決を実務に用いる（自社における賞与の相違が適法かどうか検討する）場合，**自社の正社員の処遇や人事異動が，今回の正社員人材確保論が前提とする正社員像に当てはまるかの検証が不可欠である**。安易に「判例と同じく有期労働者には賞与が不要」などと結論づけることのないように注意したい。他方，当てはまるのであれば，本件のようにかなり大きな相違であっても，不合理ではないとされる可能性が高いということになる。

なお，いわゆる「**同一労働同一賃金ガイドライン**」（平30.12.28厚労告430号）★2は，会社の業績等への貢献に応じて支給する賞与について，貢献が同一の場合は（貢献に対応する部分につき）同一の賞与，貢献に相違がある場合はその相違に応じた賞与の支給を求めている。同ガイドラインはあくまでパート・有期法の解釈に関する資料であるが，労契法20条とパート・有期法8条の連続性からすると，20条の解釈においても参考となりうる。最高裁の判断は，高裁と比べるとガイドラインとは距離があるようにも見えるが，本件の賞与が，貢献への報酬にとどまらず，多様な趣旨と正社員人材確保という目的をもつことからすると，最高裁の判断がガイドラインと矛盾するとまではいえないであろう。

　まずは特別の重みがある最高裁判決の枠組みを確実に理解したうえで，今後の裁判所の判断（事例の蓄積）にも引き続き注意を払うことが求められる。

3　退職金（*3メトロコマース事件）

(1)　最高裁判決の内容

　退職金に関しては，メトロコマース事件以外に労契法20条の不合理性が正面から争われた事例がなく，また同一労働同一賃金ガイドラインにも記載がないため，賞与以上に実務担当者を悩ませてきた面がある。

　そのような状況下で，メトロコマース事件の高裁判決が，退職金の「賃金の後払い」「功労報償」の性格から，有期労働者に退職金制度を設けないことが人事施策上一概に不合理とはいえないとしつつも，「少なくとも**長年の勤務に対する功労報償の性格を有する部分に係る退職金**（退職金の上記のような複合的な性格を考慮しても，正社員と同一の基準に基づいて算定した額の<u>少なくとも4分の1</u>はこれに相当すると認められる。）<u>すら一切支給しないことについては不合理といわざるを得ない。</u>」と判断し，やはり注目を集めていた。

　今回，退職金の不支給を不合理ではないと判断した同事件の最高裁判決は，大阪医科薬科大学事件と同じ日に最高裁の同じ法廷（3つある小法廷の第3小法廷。裁判官も同一である）から出されたこともあり，両事件は非常によく似ている。

---

*3メトロコマース事件　Y社で有期契約を締結し地下鉄駅構内の売店における販売業務に従事していた契約社員（契約社員B）のX1らと，無期労働者（正社員）のうち組織再編等の関係でもっぱら売店業務に従事することになっていた労働者の労働条件の相違について争われた。

①（大阪医科薬科大学事件の「賞与」を「退職金」に置き換える形で）**退職金の相違も不合理と認められる場合があり得る**。その判断に際しては退職金の**性質**や**目的**を踏まえて検討すべきである。

退職金も「聖域」ではないことを最高裁として初めて示したもので，やはり重みがある。よく確認しておくべきである。

②本件における退職金について，「労務の対価の後払いや継続的な勤務等に対する功労報償等の**複合的な性質**」（趣旨）を有し，「**正社員としての職務を遂行し得る人材の確保やその定着を図るなどの目的**から…正社員に対し退職金を支給することとした」ものである。

③退職金の複合的な性質，支給目的をふまえ，正社員と契約社員Ｂの職務の内容等を考慮すると，契約社員Ｂの有期労働契約が原則更新するものとされ，一審原告（X_1）らが10年前後勤続していることをしんしゃくしても，退職金に関する労働条件の相違は「不合理であるとまで評価することができるものとはいえない」

②，③もよく似ており，退職金の客観的な趣旨（性質）が賃金の後払いや功労報償等にあることを確認しつつ，その目的に関して「正社員人材確保論」を挙げて，結論に至っている。

(2) 実務に活かすポイント

基本的に前記２（130〜132頁）の賞与と同じことが当てはまる。決して「有期労働者に退職金は不要」という話ではなく，比較対象となる無期労働者が，**正社員人材確保論が前提とするような正社員としての実態をもつ限りにおいて，不支給も肯定されうる**ということである。やはり，自社の正社員の処遇や人事異動の検証が不可欠である。

4　扶養手当（*4日本郵便（大阪）事件）

(1)　最高裁判決の内容

　扶養手当（家族手当）に関するこれまでの紛争では，有期労働者への不支給を不合理としたもの（前掲・井関松山製造所事件），不合理ではないとしたもの（日本郵便（大阪）事件高裁判決）と裁判所の判断が分かれていた。とくに日本郵便（大阪）事件の高裁判決は，扶養手当が「長期雇用を前提として基本給を補完する生活手当としての性質及び趣旨を有するものであるところ，本件契約社員が原則として短期雇用を前提とすること等からすると」，契約社員に不支給という相違は不合理ではないとしていた。同一労働同一賃金ガイドラインにも記載がなく，実務担当者の悩みどころであったと思われる。

　そのような状況下で，日本郵便（大阪）事件の最高裁判決の示した枠組みが，今後，扶養手当（家族手当）に関する判断枠組みとして重要な意味をもつと解される。

---

　①扶養手当は「正社員が長期にわたり継続して勤務することが期待されることから，その生活保障や福利厚生を図り，扶養親族のある者の生活設計等を容易にさせることを通じて，**その継続的な雇用を確保するという** 目的 **による**」。「継続的な勤務が見込まれる労働者に扶養手当を支給するものとすることは，使用者の経営判断として尊重し得る」。

---

*4**日本郵便事件**　Y社と有期契約を締結し，時給制契約社員（または月給制契約社員）として郵便業務に従事していた有期労働者と，無期契約の正社員の労働条件の相違について争われたものである。

> ②「上記目的に照らせば，本件**契約社員についても，扶養親族があ**
> **り，かつ，**相応に継続的な勤務が見込まれる**のであれば，扶養手当**
> **を支給することとした趣旨は妥当する**というべき」であり，本件にお
> いては「契約期間が６か月以内又は１年以内とされており…有期労働
> 契約の更新を繰り返して勤務するものが存するなど，相応に継続的な
> 勤務が見込まれているといえる。」「そうすると…職務の内容や当該職
> 務の内容及び配置の変更の範囲その他の事情につき相応の相違がある
> こと等を考慮しても」，相違は不合理である。

　上記①で，扶養手当の目的として「**継続的な雇用の確保**」をあげたうえ
で，上記②で，有期労働者が契約の更新を繰り返し「**相応に継続的な勤**
務」が見込まれる以上，相違（不支給）は不合理であると結論づけている。

⑵　実務に活かすポイント

　今後，扶養手当の相違に関しては，有期労働者の**勤続期間**がポイントと
なる。契約更新を繰り返し勤続が相応に継続するのであれば，非正規とい
う理由で扶養手当を支給しないことは不合理という結論になる。
　なお，扶養手当に関する判断枠組みと「正社員人材確保論」は，区別し
て考える必要がある。扶養手当は扶養家族の種類（属性）や人数に基づき
定額で支給されており，正社員としての職能資格制度や人事異動を前提と
するわけではないので，正社員人材確保論とはまた別の話と位置づけられ
るからである。ここでは，あくまで客観的に勤務が「相応に継続的」かが
問われる。したがって，勤続期間が短い有期労働者については，不支給と
することも不合理ではないと考えられる（具体的な期間については後記５
（138〜139頁）を参照）。

5 病気休暇や欠勤・休職中の賃金保障 (*4 日本郵便 (東京) 事件等)

(1) 最高裁判決の内容

　私傷病による病気休暇中や欠勤・休職中の賃金保障に関するこれまでの紛争では，期間を短くすることはともかく，有期労働者についても有給にすべきとする大阪医科薬科大学事件の高裁判決，日本郵便 (東京) 事件の高裁判決，勤続期間が5年を超える場合には正社員と同様にすべきとする日本郵便 (大阪) 事件の高裁判決などが見られた。

　今回，最高裁において，大阪医科薬科大学事件では「職員の雇用を維持し確保することを前提とした制度」でありアルバイト職員にはこのような「制度の趣旨が直ちに妥当するものとはいえない」などとして，不合理性が否定された。他方，日本郵便 (東京) 事件では以下にあげるように不合理性が肯定されており，最高裁のなかで判断が分かれたように見える。しかし，最高裁は日本郵便 (東京) 事件で以下のように前記4 (136～137頁) の扶養手当と同じ「相応に継続的な勤務」という基準を用いており，この基準に照らすと実は両判決は整合的なのである。

> ①病気休暇は「正社員が長期にわたり継続して勤務することが期待されることから，その生活保障を図り，私傷病の療養に専念させることを通じて，その継続的な雇用を確保するという 目的 によるもの」であり，「使用者の経営判断として尊重し得る」。

> ②「もっとも，上記目的に照らせば，…契約社員についても，相応に継続的な勤務が見込まれるのであれば，私傷病による有給の病気休暇を与えることとした趣旨は妥当するというべき」であり，本件においては，「時給制契約社員は，契約期間が6か月以内とされており，

…有期労働契約の更新を繰り返して勤務する者が存するなど，<u>相応に継続的な勤務が見込まれている</u>といえる。」「そうすると…職務の内容や当該職務の内容及び配置の変更の範囲その他の事情につき相応の相違があること等を考慮しても」相違は不合理である。

　基本的に前記4（136〜137頁）の扶養手当と同じロジックであり，更新を繰り返して<u>10年程度勤務</u>していた日本郵便（東京）事件では，まさに「相応に継続的な勤務」として相違は不合理ということになる。この結論は，従来の高裁レベルの各判決と基本的に同じ傾向にあると位置づけられる。他方，大阪医科薬科大学事件では，上記のような判断枠組みこそ展開していないものの，契約期間が約3年（実働は約2年）であり，いまだ<u>「相応に継続的」といえない</u>と解されるため，不合理性を否定した結論は日本郵便（東京）事件と矛盾しないと位置づけられる。

⑵　実務に活かすポイント

　<u>実務的には，「相応に継続的」とは具体的にどのくらいか，ということが問題となる</u>。もちろん，さらに事例の蓄積を待つ必要があるが，最高裁が日本郵便（大阪）事件で，高裁の判決が勤続5年超の場合に相違が不合理となるとしていた部分について，上告を受理せずに確定させた点が参考になりうる。

　この5年超という基準は，労契法18条の無期転換制度が参考にされたようであるが，労契法18条と20条は別の話であり，なぜ5年が基準となるのか，実は理論的に疑問も多い。その点はひとまず置いて，勤続の期間を比べると，<u>2〜3年ではまだ相応に継続的とはいえず，5年を超えて続けば相応に継続的である</u>，と最高裁が評価しているという推論も可能である。

　もちろん，最高裁が「5年を超えたら相応に継続的」と明言したわけでは<u>ない</u>点に留意する必要があるが，実務上のヒントの1つになると思われる（前掲・光前19頁も参照）。

6 その他の手当

　日本郵便の３つの事件においては，前記以外にも多くの手当について争われている。年末年始勤務手当（いわゆる**特殊勤務手当**），祝日給，夏期冬期休暇（いわゆる**特別休暇**）について，最高裁はこれらの手当等を支給することとした**趣旨（性質）**がいずれも有期労働者にも該当することを理由に，相違の不合理性を肯定した。

　前記１（128〜130頁）でも述べたように，各種手当についてはその趣旨（性質）を明らかにしやすい。そこで，同じ趣旨が無期労働者と有期労働者の双方に当てはまるのであれば，有期労働者への不支給等は不合理ということになる。これらの手当に関する判断はとくに目新しいものではないが，特殊勤務手当や特別休暇に関する相違について検討する際に参考になる。

　なお，以上の３つの労働条件について，日本郵便（大阪）事件の高裁判決は，勤続５年超の場合にのみ不合理になる旨，条件を付けていたが，最高裁はその条件を付けず，期間に関わりなく不合理であるとした。前記５（138〜139頁）でも述べたようにそもそも５年超という基準には疑問があるうえ，年末年始の勤務が大変であること，夏期冬期に休む必要があることは契約期間と関わりがないことからすると，勤続期間に条件を付けない最高裁の立場が今後の判断枠組みとして定着するものと思われる。

7 基本給

　基本給については，はたして相違が不合理となるのか，（ならないのではないかと感じつつも）企業としては不安を覚える部分だと思われる。この点，大阪医科薬科大学事件，メトロコマース事件，日本郵便（佐賀）事件では，いずれも高裁が基本給の相違を不合理ではないと判断し，最高裁は上告を不受理として高裁の判断を確定させた。最高裁が自ら明言したわ

けではないが，上告を不受理とした点から，最高裁の認識を推察すること
ができる。

　上記の３つの事件では，いずれも無期の正社員（正職員）は月給制，有
期労働者は時給制であり，かつ，職務内容や人材活用に相違があった。基
本給の差は，大阪医科薬科大学事件が約２割，メトロコマース事件が約２
割５分で，日本郵便（佐賀）事件では，いわゆる単価は同じで，有期労働
者の勤務日数・時間が少ないことにより差が生じるのみであった。

　まだまだ事例の蓄積が待たれるところであるが，高裁レベルで，基本給
について約５割の差が付いていた事例で不合理性を肯定した学校法人産業
医科大学事件・福岡高判平30.11.29労判1198号63頁（高裁で確定）などと
並べて検討すると，<u>２割前後の相違であれば不合理と判断される可能性は
高くないと解される</u>（前掲・水町25頁も参照）。

8　住宅手当

　住宅手当については，メトロコマース事件，日本郵便（東京）事件，同
（大阪）事件で争われており，<u>いずれも高裁が住宅手当の相違（有期労働
者への不支給）を不合理と判断し，最高裁は上告を不受理として高裁の判
断を確定させた。</u>上記の３つの事件では，<u>転居を伴う転勤が予定されてい
ない</u>にもかかわらず，正社員には支給し，有期労働者には不支給としてい
たことが判断の決め手となった。なお，正社員にのみ転居を伴う転勤があ
る場合については，ハマキョウレックス事件が，住宅手当の不支給を不合
理ではないと判断している。

　以上からすると，<u>住宅手当については**転居を伴う転勤の有無で結論が分
かれる**</u>という枠組みがほぼ定着したといってよいと思われる。

◇

　労契法20条とそれを引き継いだパート・有期法８条（いわゆる同一労働
同一賃金）は，企業にとって不合理な相違が訴訟リスクとなり，人事制度，
賃金制度等の点検・見直しが重要な課題である。今回の５判決をあらため

て振り返ってみると，そうした点検・見直し作業のポイントは，**透明性・納得性の確保**にあるといえる。

　各種手当については，その趣旨（性質）が当てはまる非正社員について，正社員と相違を設けることは違法とされる可能性が高い。自社において，それぞれの手当にどのような意味合いが込められているのか，今一度点検する作業が，制度の透明性を高めるうえで不可欠である。そして，労働組合や従業員の代表など，労使でともに点検することができれば，労働者側の納得度を高めるうえでより望ましいと思われる。

〔『賃金事情』2021年1月5・20日合併号掲載記事の抜粋〕

プロフィール--

原　昌登（はら・まさと）　1999年東北大学法学部卒業。同年，東北大学法学部助手。2004年成蹊大学法学部専任講師。同助教授（准教授）を経て，2013年より同教授。現在，中央労働委員会地方調整委員，司法試験考査委員。著者として『コンパクト労働法（第2版）』等。

リモートワーク拡大のインパクト

【ダイジェスト】在宅勤務をはじめとするリモートワークは、労使にとって
メリットのある制度として拡大していくことが考えられる。その際、コミュ
ニケーションやメンタルヘルスなど、従来の人事・労務の考え方では想
定できなかった課題も出てくる。労使で知恵を出し合いたい。

MEMO

with コロナ時代,どう変わる? どう変える?
組織・職場・福利厚生

山梨大学　教授　西久保　浩二

1 コロナ禍がもたらした働き方の変化
- ・ハイブリッド・ワークの時代
- ・注目すべき変化

2 変化の本質を考える
- ・「3密」を高めてきた産業労働の歴史
- ・「共同化」のプロセスに支障を来す可能性
- ・従業員の心理の悪化
- ・"まとまり"の弱体化

3 今後の対応とは
- ・求められるコミュニケーションの再生
- ・福利厚生の観点からの対応策
- ・リモート環境下でのコミュニケーションの活発化
- ・働き方の自由度を高めよ

【ダイジェスト】これからはテレワークとオフィスワークが混在し、常態化するハイブリッド・ワークの時代となる。コロナ禍での働き方の変化による生産性の低下は、「集約」「集中」「分業・協業」という「三密」を前提にしていた日本企業の特性を発揮できず、従業員満足度が低下したことによる組織的パワーや柔軟性が得られなくなったことが大きい。今後の対応としては、リモート環境下でのコミュニケーションレベルの向上、リモートワークによる「住まい」の自由度が重要となる。

1　コロナ禍がもたらした働き方の変化

ハイブリッド・ワークの時代

　再び新型コロナウイルスの感染が拡大しつつあることが懸念されている。労使諸兄も第3波の到来として警戒感を強めていることと推察する。

　元どおりの働き方に徐々に戻り始めていたわけだが，再びテレワーク，リモートワークが強く要請され，対応に追われる企業も少なくないだろう。With コロナ時代とはこうした制約と緩和が繰り返される時代なのであろう。そして，おそらくコロナ禍が一定の収束をみせたとしても，この2つの働き方が混在し，常態化するハイブリッド・ワークの時代になるのではなかろうか。

　この新しい働き方の時代に何が起こっているのか。まずは変化を再確認しておきたい。

　内閣府が「新型コロナウイルス感染症の影響下における生活意識・行動の変化に関する調査」（2020年6月）を発表したが，感染拡大した緊急事態宣言前後での意識や行動が捉えられていた。全国での回収サンプル総数は10,128人で，なかでも就業者（正規，非正規含む）は6,685人と多く，代表性としての信頼度も高い。

　この調査でのテレワークの実態としては，経験者が就業者全体で34.5%となり，正社員では42.2%（非正社員18.0%）にまで達していた。また，都市部ほどその経験率は高く，同調査では「23区55.5%」「東京48.9%」とほぼ半数を占めるまでになっていた。

　また，ほぼ同時に日本生産性本部からも20歳以上の雇用者1,100人を対象とした調査が発表され（2020年5月），緊急事態宣言発出後に「働き方が変わったか？」という設問に対して，「大きく変わった（24.3%）」「多少変わった（35.0%）」となり，6割に働き方に変化があると実感されていた。

注目すべき変化

　こうした在宅でのテレワークが急速に広がったなかで，職場の従業員に何が起こっているのか。筆者が最も注目している点がある。

　図1は，緊急事態宣言以降に発表された，先の2つの従業員調査の結果である。これらは，テレワーク時の生産性について従業員自身の主観的判断を問うた結果である。「自宅での勤務で効率は上がったか」「仕事の効率性や生産性はどのように変化したか」というそれぞれの設問に対して「効率は下がった（66.2％）」「減少した（47.7％）」との反応となっている。多くのケースで生産性の低下が生じていることが示されている。

　もちろん，不慣れなテレワークで戸惑う人も多かったであろうし，自宅のネット環境の不具合，業務資料の共有の難しさなどの点でさまざまな支障が生じたと推測される。しかし，それらが解消されたとしても，従来の働き方で得られていた生産性水準に回帰することは困難ではないか，不可逆的な要素が多々あると考えている。

図1　テレワーク時の生産性の変化

自宅での勤務で効率は上がったか

効率が上がった **33.8%**

効率は下がった **66.2%**

日本生産性本部調査 2020（n=319）

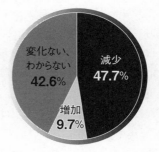

仕事の効率性や生産性はどのように変化したか

変化ない、わからない **42.6%**

減少 **47.7%**

増加 **9.7%**

内閣府調査 2020（n=6685）

2 変化の本質を考える

　働き方の変化がもたらした生産性低下の背景にどのようなメカニズムがあるのか，経営学的なさまざまな視点から考えてみたい。

「3密」を高めてきた産業労働の歴史

　まず，これまでの長い産業労働の歴史のなかで，より効率的，生産的に働くということは，「密」を前提に成立してきたといえる。筆者の大学講義では企業形態論として歴史的な推移を解説しているが，そもそものスタートラインの働き方は，「家内制手工業（cottage industry）」という形態から始まった。これは，文字どおり，労働者の自宅で，大した動力（蒸気機関や電力）も使わず手業（てわざ）によって，こつこつと生産活動に励むスタイルである。

　この家内制手工業の時代は，およそ「3密問題」とは無縁であった。満員電車という極度の3密空間での通勤もなく，寝間から起きて，茶の間で朝食を摂り，材料・道具等をおいた土間に面した仕事場に入って生産に従事する。家族以外の他者と接することはほとんどなく，大人数での会議もなく，顧客に密着しようとする営業活動もない。いわば「密」ならぬ「孤」の世界で仕事が完結できた。

　しかし，その後，形態は「問屋制家内工業」「工場制手工業」といった進化段階を経過し，産業革命によって機械とエネルギーを手に入れたことで現在主流の「工場制機械工業（factory-based industry）」へと到達する。この間の形態進化の本質は，人材，資本，空間，時間の「集約」であり，「集中」といってよい。その結果として事業の大規模化がなされると同時に，そこでは「分業・協業」が積極的に構築される過程でもあった。この過程で生産性が飛躍的に伸長した。

　要するに，「集約」「集中」そして「分業・協業」とは，表現を変えれば労働者を核としてさまざまな生産要素の「3密」を高めることにほかなら

家内制手工業　→　工場制機械工業

密　密

ないわけである。それらの相乗効果，相互作用を含めてトータルとして大量生産，低コスト化を図り，付加価値生産性の向上を実現させたことになる。Beforeコロナ時代の働き方とは，この事業形態に依拠する形で成立していたといってよい。

「共同化」のプロセスに支障を来す可能性

　こうした「3密」型の働き方が経営のなかで有効であることを説明するモデルとして，野中・竹内（1995）らがナレッジマネジメント（知識創造論）のなかで提唱した「SECIモデル」がある。組織的な知識創造に着目した枠組みを示すもので，世界的評価がなされた理論モデルである。

　これは個人が持つコツや勘，といった表現が難しい知識である「暗黙知」と，文字や図形等で明確に，客観的に表現できる「形式知」との相互作用が，組織全体としての知的能力を更新・向上させるというものである。いわば，付加価値性を高めるための労働生産性のメカニズムを解説したモデルともいえる。野中・梅本（2001）では，企業は経営資源を基盤として経営活動を行っているが，物的資源，金融資源などと比べて人的資源が担っている知的資源が最も陳腐化しやすく，常に新たな知識創造を維持しなければ，やがて競争力が劣化すると説いた。

　SECIモデルは，この継続的な知識創造のための枠組みをプロセスとして示した世界で初めてのモデルである。SECIとは，「共同化」（Socialization），「表出化」（Externalization），「連結化」（Combination），「内面化」（Internalization）という4つの変換プロセスである。

　最初の「共同化」とは，ベテランや匠と呼ばれる高技能者の経験知を若手などが時間と空間を共有するなかで，"コツ"や"勘"といった表現が難しい，だが貴重な知識（暗黙知）を共有・共感，そして創造する段階である。弟子が師匠の手元をみて自分なりにコツや勘をつかんでいく段階でもあり，弟子なりの創意工夫も思いつく段階でもある。次の「表出化」は，その暗黙知を形式知に変換する段階。文字，図形などを用いてだれでも「見える」「わかる」ように知識を変換する。そして次の「連結化」は，各所で「表出化」段階を経た形式知の多くが組み合わされ，体系化される段階となる。たとえば，各部門で作成されたマニュアルが，一冊として統合されると，重複や不足，新たな形式知の必要性も知覚され，包括的な知識体系へと進化する。そして最後の「内面化」の段階では，その包括的な形式知を現場で再び学ぶなかで「自分のものにする（体化）」という，ある種の咀嚼，消化によって再び，個人の暗黙知として更新，再生される。

　日本企業は，こうした従業員たちが個として，そして組織としての知的能力を更新し続けることで，製造業が誇る世界に冠たる高品質，あるいはサービス業で実現された"おもてなし"と呼ばれる最高のサービス品質が実現されてきた。つまり，高付加価値を得る生産性向上のメカニズムといってよい。

　しかし，仮にこのSECIモデルを日本企業の生産性の原点としたうえで，改めて，コロナ禍で批判され，回避される「３密」という視点からみると，そのプロセスに支障を来す可能性がみえてくる。組織学習の最も重要な始点となる「共同化」は，従業員，経営者が時空間を密接に共有するなかで，観察，体験，議論が活発になされる段階，つまりきわめて「３密」の段階である。はたして今日の分散されたリモート空間のワークスタイルで，「共同化」という暗黙知の共有・伝達・創造が再現できているのか。大いに疑問である。

従業員の心理の悪化

　もう１つ，生産性低下の要因として表れている注目したい変化がある。それは従業員本人の心理的変化である。

　先の内閣府調査では，感染拡大前後での生活や仕事に対する満足度の変化が捉えられていた（**図2**）。10点評価法で満足度を測定しているが，生活全体で感染拡大以前から1.48ポイント下がり，4.48。仕事の満足度も同様に5.85から4.81へと低下した。このほかにも「社会とのつながりの満足度（−1.75ポイント）」「生活の楽しさ，面白さの満足度（−1.95ポイント）」なども大幅に下げている。

図2　満足度の低下

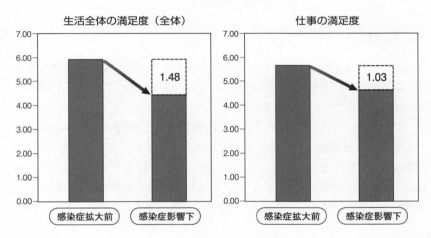

生活全体の満足度（全体）　　　　　　　　仕事の満足度

資料出所：「新型コロナウイルス感染症の影響下における生活意識・行動の変化に関する調査」（内閣府）より抜粋

　経営学，特に人間関係学派から始まった組織行動論では，古くから「Happy Worker is a Productive Worker」という労働者観があった。職務満足などの従業員の意識・態度とさまざまな業績指標，生産性指標との関係性が論じられ，検証されてきた。

　満足度や幸福感，自己効力感など従業員たちのポジティブな感情は，彼らの生産性，定着性，モチベーションなどに直結するものであって人的資源管理上，常に重要視されてきた。また近年，Googleの取組みで注目されるようになった，チームの生産性と直結するとされる組織成員の信念としての「心理的安全性（Psychological Safety）」などとも近似する概念で

ある。

　こうした良好な意識・態度がテレワークを余儀なくされたコロナ禍の下で，大きく悪化した可能性がある。テレワーク経験者の多くがその働き方の継続を望みながらも，現実の生活や仕事における心理的状態は決して良好なものではないのである。生産性の原点となる従業員心理の悪化は看過できない変化である。彼らの心理・意識をBeforeコロナの時期に復帰させるではなく，リモート時代の新たな可能性を活かして，よりHappyで，よりProductiveなものとするにはどうすればよいのだろうか。

"まとまり"の弱体化

　さらに考えてみると，こうした生活や仕事，人とのつながりに関する急激な満足度の低下が，組織，集団としての"まとまり"の緩みに起因する可能性もあるのではないだろうか。

　この"まとまり"は経営学では「集団凝集性（group cohesiveness」と呼ばれ，Kurt Lewin（1943）らが「周囲にとどまらせる心理的な力」「集団の魅力」などとして提唱した。この概念の実証研究では，スポーツ集団における成果とチーム力，そしてその過程にある集団凝集性との因果性を検証したものが数多い。確かに，実感としてもたとえば，かつてオリンピックで活躍してくれた男子リレーチームやWBCの日本チームの様子などをみていると高い集団凝集性が，チームワークを大いに機能させ，最終的に優れた集団成果に結び付かせていることを大いに首肯させる。

　わが国の企業の多くもこの凝集性の高さによって，組織的なパワーや柔軟性を得てきたと考えられるが，はたして，ハイブリッド・ワークの現在において，それが維持されているのだろうか。特に，集団内に魅力的な人物がおり，その人との出会いや触合いにより集団にとどまり，協力しようとする「対人的凝集性」が，リモート環境において，人と人との直接的な関係性がいや応なく希薄化するなかで，後退しているように思われる。それが，先の満足度低下の要因の1つでもあり，同時に貴重な集団としての"まとまり"を弱体化させているのではないだろうか。

3　今後の対応とは

求められるコミュニケーションの再生

　さてさまざまな経営学的な視点から，冒頭で示した生産性低下の背景や要因を探ってみたわけだが，今後，どのような対応が求められるのだろうか。

　筆者は，これからのハイブリッド・ワークという新たな働き方の時代に向けて，まず対応を急ぐべきは，「コミュニケーションの再生」であろう，と考えている。

　いま，リモートと従来型が混在するなかで，組織内での従業員層，経営層での時間と空間の「分散」が大いに高まっている。このような状態で懸念されるのは，やはり社内外でのコミュニケーションの停滞であり，すれ違いの発生である。この停滞は職場内だけではなく，アフターファイブ，休日などのプライベートでのコミュニケーション，そして社外とのそれも制約されており，その総量がかなり縮小していると考えられる。

　Beforeコロナの時期のように職場の仲間たちが，社内外のチームが十分に時間・空間を共有できていたときには，お互いの様子や顔色，しぐさなど肌感覚的なものまで含めて，自然な形での密接なコミュニケーションが成立していた。まさに，SECIが成立する世界である。しかし，いまは，3密回避の原則のなかで，公私ともに，良好なコミュニケーションが失われている。

福利厚生の観点からの対応策

　筆者は福利厚生が専門分野であり，長く関心を持ってきた。そこで，まずは福利厚生の観点から，今後の「コミュニケーション」対応を具体的に考えてみることとする。

　わが国の福利厚生の長い歴史のなかで，コミュニケーションの活性化は

長く注力されてきており,さまざまな施策が展開されてきた。その背景には当初から明確な目的意識があった。すなわち,従業員同士が気軽に,フランクな交流ができることで互いに信頼感,親近感を持つようになり,それが組織やチームとしての一体感を醸成し,生産性を高め,さらに会社へのロイヤリティの形成へと発展することが期待されていた。まさに,SECIや集団凝集性の前提となるコミュニケーションの基盤形成となる対応である。

また,近年では拡大してきたメンタル不全の予防策となるストレス解消策としても活用され,さらには,新入社員の早期離職予防となる社会適応策としても,さまざまなユニークなコミュニケーション施策が数多く開発されてきていた。こうした経緯もあり,コロナ禍以前までは,経団連の福利厚生費調査でも「文・体・レク活動補助費」は順調に伸びてきていた。

しかしいま,こうした社内コミュニケーション施策のほとんどが中止された。しかし,貴重な経営的効果を失わないためには,新たなコミュニケーション活性策を模索しなければならない。

リモート環境下でのコミュニケーションの活発化

当然だが,まずは,リモート環境下でのコミュニケーションの活発化に取り組むしかない。ZoomやTeamsなどのリモートアプリ環境での交流イベントの場を,従業員に積極的に提供することである。

最初は不慣れでぎこちなかったイベントも,さまざまな創意工夫を凝らせば,徐々にコミュニケーションの質・量ともに改善するものである。事前にタイムテーブルをつくり,ゲームや自己アピールタイムを1人ひとりに割り振る。また,飲食についてはいまでは,宴会用の宅配サービスも提供されている。一定額の支援金を出してもよい。司会,参加者が慣れてくれば,以前のリアル宴会では聞かれないような本音の声も徐々に聞こえて,盛上りをみせてくる。

時間と空間移動の制約が大幅に軽減されるバーチャル空間の利点を,イベントにはもっと活かすべきである。リアル宴会なら集まれなかった地方支社の旧知の仲間たちも参加できる。また,在宅からの参加なら家族が参加してもよいではないか。筆者の参加する福利厚生研究会では,いつもメ

ンバーがお孫さん同伴で参加されており，微笑ましいものである。家族やペット，趣味などの紹介が中継動画でリアルタイムに映し出されれば，心理的な接近は早く，親近感が醸成される。

――― リモートアプリ環境の交流イベントのアイデア例 ―――
・ゲーム　　　　　　・自己アピールタイム　　・趣味の紹介
・地方支社との交流　・家族の参加　　　　　・ペットの参加
・宴会用の宅配サービス　　・タイムテーブル　　・支援金

　宿泊型施策も，近年，注目されるワーケーション（workation）と連動させれば新たなコミュニケーション施策としての可能性がみえてくる。チーム単位でワーケーションすれば，仕事とチームビルディングが一石二鳥でできるかもしれない。先の心理的安全性も一気に高まるだろう。さらに，家族も同伴できればワーク・ライフ・バランスの回復を実感できる。
　このように福利厚生でのコミュニケーションだけを考えても，ハイブリッド・ワーク時代に適した新しいアイデアは出てくるものである。

働き方の自由度を高めよ

　リモート環境でのコミュニケーションレベルを向上させることができれば，さらなる働き方の自由度，生き方の自由度が得られるのではないだろうか。
　たとえば，「住まい」の自由度である。
　これまでは，会社所在地によって居住最適地が規定されてきた。たとえば，東京，丸の内，大手町あたりで月曜から金曜まで，朝8時，9時から夜6時，7時ころまで仕事しなければならないとなれば，居住できる範囲はおのずと限られ，満員電車を避けられない。地方出身者にとっては，出身地自宅から都心に通勤などできるはずもなく，いや応なく地元からの転居を強いられる。社宅・独身寮が提供できる大企業が人気を集めるゆえんである。それでも会社に通える範囲の社宅・独身寮に住むしかなかった。
　しかし，この大前提はリモートワークの常態化によって変わった。仕事

も，会議も，なかには営業活動まで，リモートで行われ始めている。やればできる，という実感は日々広がっている。

　以前なら，通勤不可能な遠隔地の出身者であっても，テレワークをフル活用すれば，大規模な独身寮など必要ない。月に２，３回程度，どうしても本社で直接，顔を合わせて会議がしたいのなら，自宅から本社出張させればよい。慣れ親しんだ地方の親元で，中学，高校の同窓生たちとともに暮らしながら都心の大企業で勤務できるようになる。厄介なメンタル不全の問題も軽減されるのではなかろうか。地方転勤も同様で，ふだんは地方支社の現地スタッフとの間でテレワークで仕事をこなし，ときどき自宅から出張すればよい。こうなれば，日本全国，世界中どこに住んでもよくなる。海釣りが好きな方ならば，海まで歩いていける漁村に住んでもよいし，スキーが好きならば，白馬や苗場あたりもいいではないか。

　「住まい」の自由度が高まれば，兼業・副業の機会も増えるだろう。地方の農業は慢性的な人手不足で苦しんでいる。田植え，収穫期などには副業すれば，副収入になるばかりか，地域に溶け込むこととなろう。老後の安住の地をみつけられるかもしれない。農業なら，体を動かせることで健康経営の実践になろうし，ストレス解消にもつながるのではなかろうか。一石何鳥だろうか……。

☆

　このように未知のハイブリッド・ワークの時代にも，発想を自由に広げてみれば，コミュニケーションも広がりをもって再び活性化させることができるであろうし，時間と空間に縛られたBeforeコロナの時代には実現できなかった自分らしい働き方・生き方が手に入るのではないだろうか。コロナ禍という予期せぬ深刻な事態に直面し，混乱するばかりのいまだが，まさに"災い転じて福となす"の自由な発想で，労使ともに価値ある新しい働き方・生き方を構築することができるかが問われているのだろう。

プロフィール ---

西久保浩二（にしくぼ・こうじ）　1958年大阪府生まれ。1982年神戸大学経済学部卒業後，大手生命保険生命に入社。（財）生命保険文化センターを経て，2006年より現職。筑波大学大学院経営政策科学研究科修士課程修了。同博士課程単位取得。著書に『介護クライシス』『戦略的福利厚生』（日本労務学会学会賞（学術賞）受賞）等多数。

在宅勤務規程の策定・改定

鳥飼総合法律事務所　弁護士　**川久保　皆実**

1　就業規則に委任規定を挿入

2　在宅勤務規程例の逐条解説

【ダイジェスト】　新型コロナへの対応で急遽、在宅勤務を認めてきた企業では、今後のウィズコロナ、アフターコロナの時代にもそのメリットを活かしたいと考えるケースも多い。ただし、恒常的な制度として運用したいと考えても、在宅勤務規程の整備が後回しになっている企業も少なくないだろう。自社が恒常的な制度として在宅勤務を導入する目的を整理したうえで、それぞれの規定を定めていくことが求められる。

　新型コロナウイルスの対策として，急遽，在宅勤務を指示した企業も多いが，なかには在宅勤務に関する規程の整備が後回しになっており，混乱しているケースもみられる。また，今後を見据えて正式に在宅勤務制度の導入を進めている企業も増えてきている。

　新たに在宅勤務規程を設けたり，就業規則を改定する場合，規程の策定・改定に際しては，どのような点に留意すればよいのだろうか。

　基本的な考え方としては，既存の就業規則本体には委任規定を挿入し，別途，在宅勤務に関する規程を定めるとよいだろう。その際，在宅勤務制度の導入目的に合わせて，対象者の範囲や勤務場所，労働時間制度など，おのおのの規定を定めることが望ましいといえる。

1　就業規則に委任規定を挿入

　まず，既存の就業規則本体のなかに，以下の条文を挿入する。これは委任規定といい，就業規則本体には定め切れないルールを他の規程で定めるよう，任せる規定である。

第○条（在宅勤務）
1　会社は，従業員に対し，在宅勤務をさせることがある。
2　在宅勤務に関する事項については，在宅勤務規程に定めるものとする。

　この委任規定を挿入する位置について，法的に絶対にここでなければならないということはないが，在宅勤務の法的性質が"出張の一種"と考えられることからすれば，出張に関する条文の近くに挿入するのがわかりやすいのではないかと思われる。

2　在宅勤務規程例の逐条解説

　就業規則本体に委任規定を挿入できたら，次は在宅勤務規程の作成にとりかかる。以下，1条ごとにに規定例を示し，そのように規定した理由を説明していく。

【在宅勤務規程】

第1条（目的）

　本規程は，株式会社○○（以下，「会社」という。）の就業規則（以下，「本則」という。）第○条に基づき，在宅勤務について必要な事項を定めたものである。

　就業規則本体の委任規定に基づき，在宅勤務について定める規程であることを明確にしている。「第○条」部分には，就業規則本体の委任規定の条文番号を挿入する。

第2条（定義）

　在宅勤務とは，従業員の自宅，その他自宅に準じる場所（会社が事前に許可した場所に限る。以下，「自宅等」という。）における情報通信機器を利用した勤務をいう。

　「自宅に準じる場所」とは，たとえば，実家で親の介護をしながら働く場合における実家などを指す。この「自宅に準じる場所」について，たとえば兄弟姉妹の自宅や交際相手の自宅がこれにあたるかの解釈を巡ってトラブルにならないよう，「会社が事前に許可した場所に限る」という限定をつける。

第3条（対象者）

1　在宅勤務の対象者は，次の各号の条件をすべて満たした従業員のうち，本人が在宅勤務を希望し，かつ第4条第2項に基づき会社が在宅勤務を許可した者とする。

①原則として勤続1年以上であること

②在宅勤務により自己の業務を円滑に遂行できると会社が認める者であること

③自宅等の作業環境およびセキュリティ環境が適正であること

④同居者の理解を得られていること

2　前項の規定にかかわらず，天災事変，感染症の流行，交通障害等の非常事態においては，在宅勤務の対象者は，安全配慮の観点から在宅勤務が必要であると会社が認める従業員のうち，本人が在宅勤務を希望し，かつ第4条第2項に基づき会社が在宅勤務を許可した者とする。なお，本項に基づき在宅勤務の対象者となった者については，前項各号の条件をすべて満たしている場合を除き，当該非常事態が終了したと会社が判断した時点において，在宅勤務の対象者から除外されるものとする。

　3条1項は，在宅勤務の対象者をさまざまな条件で絞り込んでいく規定である。規程例では，生産性向上やコスト削減などを目的として，通常時に広く従業員一般に在宅勤務を認める場合を想定し，実務上，最低限入れておいたほうがよい条件を定めている。

　1号および2号は，対象者の自律性を担保するための条件である。2号は，この自律性について直接明文化したものとなっている。他方，1号は，通常，勤続1年未満の従業員は会社のルールや仕事の進め方についての理解が乏しく，自律して働くことは困難であろうことから，勤続年数という明確な条件で一律に対象者を絞り込む規定である。例外を認める可能性があることを示すため，「原則として」という文言を入れている。

　3号および4号は，在宅勤務時に特に問題となる事項をクリアしていることを担保するための条件である。在宅勤務許可申請時に従業員にチェックシートを提出させる方法を採るのがよいだろう。

　３条２項は，非常時限定の在宅勤務対象者についての規定である。

> 第４条（申請手続等）
> １　在宅勤務を希望する従業員は，在宅勤務開始希望日の１週間前までに，次の各号の書類を所属長に提出しなければならない。
> 　①　在宅勤務許可申請書
> 　②　勤務環境チェックシート
> ２　会社は，前項各号の書類の内容，および従業員の勤務成績，勤務態度，能力等を勘案し，在宅勤務を認めることが適切と判断した場合には，在宅勤務を許可するものとする。なお，会社は，業務上その他の事由により，当該許可を取り消すことがある。
> ３　前項により在宅勤務の許可を受けた者が在宅勤務を実施する場合は，そのつど，原則として実施希望日の前日までに，会社所定の方法で所属長に連絡し，所属長の事前承認を得なければならない。ただし，労働契約上在宅勤務を常態とする者についてはこの限りでない。
> ４　第１項各号の書類の内容に変更が生じた場合には，従業員は，当該変更が生じた日から１週間以内に変更事項を所属長に届け出なければならない。
> ５　前項の場合，会社は第２項なお書に基づき，変更事項を踏まえて在宅勤務の許可を取り消すか否かの判断を行う。

　１項は，在宅勤務を希望する従業員に対して，会社が在宅勤務を許可するか否かを判断するのに必要な書類の提出を義務づける規定である。

　２項は，会社による在宅勤務の許可について定めた規定である。このなかで非常に重要なのが，「なお書」である。一度は在宅勤務を許可してみたものの，実際に在宅勤務をさせてみたら業務を円滑に遂行できなかったり，作業環境やセキュリティ環境等に問題が見つかったりすることはありえる。そのような場合，まずは上司から指導を行うなどして改善の機会を与えるべきだが，それでも改善しない場合に備えて，会社としては許可を取り消すことが可能な制度にしておかなければならない。

　３項は，在宅勤務の許可を受けた従業員が，実際に在宅勤務を行う場合

には，そのつど所属長に連絡をして事前承認を得なければならないという規定である。所属長への連絡のタイミングについては，自社の方針に則してアレンジ可能だが，実施希望日の何日も前としてしまうと，機動性が失われる，他方であまりに直前としてしまうと所属長が事前承認するのが困難となる。そこで，本規程例では「原則として実施希望日の前日まで」としている。

　なお，在宅勤務がほぼ毎日，というような従業員についてもこの連絡と事前承認が必要としてしまうと，その従業員にとっても所属長にとっても非常に煩雑なことになるので，3項ただし書では，そのような従業員については連絡と事前承認は不要としている。

第5条（在宅勤務命令）
1　前2条の規定にかかわらず，天災事変，感染症の流行，交通障害その他の事由により，在宅勤務が必要であると会社が判断した場合には，会社は従業員に対して在宅勤務を命じることができる。なお，在宅勤務を命じられた従業員は，正当な理由がない限りこれを拒否することはできない。
2　従業員は，前項の在宅勤務に関して，会社所定の期日までに勤務環境チェックシートを所属長に提出しなければならない。
3　前項に基づき提出した勤務環境チェックシートの記載内容に変更が生じた場合には，従業員は，当該変更が生じた日から1週間以内に変更事項を所属長に届け出なければならない。

　5条は，在宅勤務を希望しない従業員に対して，会社からの業務命令で在宅勤務をさせる場合についての規定である。新型コロナウイルスの感染防止などの理由で，従業員に在宅勤務を義務づける場合に備え，このような規定をおいておくとよいだろう。

第6条（服務規律）
　在宅勤務に従事する者（以下，「在宅勤務者」という。）は本則第○章（服

務規律）に定めるもののほか，次に定める事項を遵守しなければならない。

① 在宅勤務セキュリティ規程を遵守し，情報漏洩等の情報セキュリティ事故が発生しないよう細心の注意を払うこと

② 在宅勤務中は業務に専念すること

③ 第4条第2項に基づき会社から在宅勤務を許可された場所または前条第1項に基づき会社から在宅勤務を命じられた場所以外では業務を行わないこと

6条では，就業規則本体にある服務規律とは別に，在宅勤務特有の服務規律を定めている。

第7条（労働時間）

1 在宅勤務時の労働時間については，本則第○条の定めるところによる。

2 前項にかかわらず，会社は，業務の必要性がある場合，前項の始業・終業時刻を繰り上げ，または繰り下げることがある。

1項では，在宅勤務時にどのような労働時間制度を適用するのかを規定する。規程例においては，在宅勤務時にもオフィス勤務時と同じ労働時間制度を適用するというケースを想定し，就業規則本体の労働時間に関する条文を引用している。

通常の労働時間制度を適用している場合，始業・終業時刻の繰上げや繰下げを行うためには，就業規則に2項のような規定をおいておく必要がある。多くの場合，就業規則本体のなかにすでにこのような規定があるので，その場合は，在宅勤務規程で別途規定する必要はない。

第8条（休憩時間）

1 在宅勤務者の休憩時間については，本則第○条の定めるところによる。

2 在宅勤務者は，事前に所属長の許可を得たうえで，前項の休憩時間とは別に，私用による中抜けのための休憩時間を取得することができる。

> 3　従業員は前項の休憩時間の開始前に，休憩開始予定時刻および休憩分数
> 　を会社所定の方法で連絡しなければならない。
> 4　第2項に定める休憩時間については，賃金は支給しない。

　1項で，在宅勤務時にもオフィス勤務時と同じように休憩を取得させる
ことを原則としつつ，2項で，在宅勤務者について所定の休憩時間とは別
に，所属長の事前許可を得たうえで私用による中抜けのための休憩時間を
追加で取得することを認めている。

　4項では，ノーワーク・ノーペイの原則により，追加で取得した休憩時
間については無給とする旨を定めている。

> 第9条（休日）
> 　在宅勤務者の休日については，本則第○条の定めところによる。

　多くの場合，在宅勤務であっても休日はオフィス勤務と同様であるた
め，ここでは就業規則本体の条文を引用している。

> 第10条（時間外・休日・深夜労働）
> 1　在宅勤務者が1日あたり2時間を超える時間外労働を行う場合には，事
> 　前に所属長の許可を得なければならない。ただし，会社から時間外労働を
> 　命じられた場合はこの限りでない。
> 2　在宅勤務者の休日労働および深夜労働は原則禁止とする。ただし，事前
> 　に所属長の許可を得た場合，および会社から休日労働または深夜労働を命
> 　じられた場合はこの限りでない。

　在宅勤務における長時間労働の防止策の1つとして，2時間を超える時
間外労働，および休日労働・深夜労働は所属長の事前許可がなければでき
ないというルールを設定した。

　厚労省のテレワークモデル就業規則では，休日労働や深夜労働だけでな
く時間外労働も原則禁止としているが，長時間労働にならない程度の時間

外労働は柔軟にできるようにしておかなければ、「時間外労働ができない
のは不都合だから在宅勤務はやりたくない」ということになりかねない。

そこで、時間外労働については1日あたり2時間以内であれば、所属長
の事前許可なく行うことができるよう規定した。

第11条（始業・終業時刻の確認）
1　在宅勤務者は、始業時および終業時に、所属長に対して電子メールを送
　信しなければならない。
2　会社は、前項の電子メールが送信された時刻をそのまま始業・終業時刻
　として記録する。

多くの在宅勤務導入企業では、電子メールにより始業・終業時刻を確認
しているようなので、規程例では電子メールによる方法を規定した。

2項では、厚労省の「労働時間の適正な把握のために使用者が講ずべき
措置に関するガイドライン」（2017年1月20日策定）★4において、原則
的な労働時間の把握方法とされている「客観的な記録を基礎として確認」
する方法を採ることを明確にするために、電子メールの送信時刻をそのま
ま記録する旨を定めた。

第12条（業務報告）
　在宅勤務者は、会社所定の方法により業務報告をしなければならない。

業務報告の必要性については、在宅勤務の場合でもオフィス勤務の場合
でも違いはない。

しかしながら、在宅勤務では、上司から部下への気軽な声かけがしづら
いぶんだけ、業務報告をさせやすくする制度上の工夫が必要である。多く
の企業では、始業時にその日の業務予定を電子メール等で連絡させ、終業
時にその日の業務結果を報告させる体制を取っている。

第13条（連絡体制）

1　在宅勤務時における連絡体制は，次の各号のとおりとする。

① 　事故・トラブル発生時には所属長に連絡すること。なお，所属長が不在の場合は所属長が指名した代理の者に連絡すること。

② 　社内における従業員への緊急連絡事項が生じた場合，在宅勤務者へは所属長が連絡をすること。

③ 　情報通信機器に不具合が生じ，緊急を要する場合は，情報システム担当者へ連絡を取り指示を受け，事後速やかに所属長に報告すること。

④ 　前各号以外の緊急連絡の必要が生じた場合は，前各号に準じて判断し対応すること。

2　在宅勤務者は，不測の事態が生じた場合に確実に連絡が取れる電話番号を，あらかじめ所属長に連絡しておくこととする。

　在宅勤務の場合には，物理的に所属長と離れた場所で業務を行うことになるので，緊急事態が発生した場合にどのような連絡体制を取るかも事前に決めておく必要がある。

　社内のコミュニケーションをチャットで行っている場合，緊急連絡もチャットで行うことが考えられるが，チャットで応答がない場合には，電話で連絡を取りたいというケースもあるだろう。そのようなケースに備えて，2項を設けている。

第14条（機器等の準備）

1　在宅勤務時に使用する機器等の準備については，次の各号に定めるとおりとする。

① 　パソコンについては，会社が従業員に対して無償で貸与する。

② 　自宅等にインターネット環境がない従業員に対しては，会社からモバイルルーターを無償で貸与する。

③ 　携帯電話については，従業員の私物スマートフォンに会社指定のIP電話アプリをインストールし，業務に必要な通話はIP電話の番号を使

用して行うものとする。なお，従業員がスマートフォンを所有していない場合には，会社から携帯電話を無償で貸与する。

④　プリンターおよびスキャナーについては，従業員の私物を使用するものとする。なお，従業員がプリンターまたはスキャナーを所有していない場合には，原則として，最寄りのコンビニエンスストアのマルチコピー機を使用するものとする。

⑤　机，椅子およびモニターについては，従業員の私物を使用するものとする。なお，従業員が業務に適した机または椅子を所有していない場合，もしくはモニターを所有していない場合には，会社から机，椅子またはモニターを無償で貸与する。

2　前項に基づき，会社から物の貸与を受けた従業員は，当該物を善良なる管理者の注意をもって管理するとともに，在宅勤務の終了時または会社との労働契約終了時には会社の指示に従い，速やかに会社に返却または廃棄しなければならない。なお，返却または廃棄に必要な費用は会社が負担する。

14条では，在宅勤務時に使用する機器等をどのように準備するかや会社が貸与する場合のルールについて定めている。

在宅勤務に必要な費用は，必ずしも使用者が負担する必要はなく，労働者負担とすることも可能である。ただし，労働者に費用を負担させる場合には，必ずその旨を就業規則に定めなければならない。そして，労働者に新たな費用負担を課すことは労働条件の不利益変更にあたるため，就業規則に定める費用負担ルールには合理性が認められる必要がある（労契法10条）。

パソコンやモニターなどの電子機器の費用は一般的に高額であるため，従業員にそれらの購入費用を負担させることは合理性の観点から避けるべきであろう。

携帯電話に関しては，従業員の私物スマートフォンを使って会社の内線に出たり，会社の代表番号から架電したりできるクラウドPBXのサービスがある。また，通話料を安く抑えたい場合には，IP電話（050から始ま

る電話番号）を私物スマートフォンで使えるようにするサービスもある。

業務に適した机・椅子については，会社が在宅勤務を推奨するスタンスを取るのであれば，会社負担とするのが合理的であると考える。

もっとも，会社が負担すべき範囲は，在宅勤務の作業環境整備のために最低限必要なスペックの机・椅子等を購入する費用に限られる。会社としては，そのような机・椅子等を購入し，従業員に無償で貸与すれば足りる。

第15条（費用負担）

　在宅勤務時に発生する費用の負担については，次の各号に定めるとおりとする。

　① 　インターネットの利用料金は従業員負担とする。ただし，会社貸与のモバイルルーターを使用する場合には，会社負担とする。

　② 　IP電話または会社貸与の携帯電話の利用料金は会社負担とする。

　③ 　私物プリンターを使用する場合のインクカートリッジの購入費用は従業員負担とする。

　④ 　コンビニエンスストアのマルチコピー機を使用する場合の使用料金については会社負担とする。

　⑤ 　水道光熱費は従業員負担とする。

　⑥ 　消耗品費および郵送費は会社負担とする。

　⑦ 　前各号以外の費用については，特に労使間で合意がない限り，従業員の負担とする。

15条では，在宅勤務時の費用負担について定めている。

通信費については，インターネットと携帯電話の利用料金の負担をどうするかが問題となる。

インターネット利用料金については，従業員が個人で契約している自宅のインターネット回線を利用させることが考えられる。この場合のインターネット利用料金については，業務利用分とプライベート利用分の切り分けが困難であることから，すべて従業員負担にしている会社が多いようである。個人で契約しているプランの内容や，在宅勤務の頻度によって，

その運用がフェアでないような事情がある場合には，在宅勤務手当等の名目で，インターネット利用料金の一部を会社で補助するとよいであろう。

従業員が自宅のインターネット回線を個人で契約していない場合には，モバイルルーターを会社から貸与し，通信費用は会社で負担するというケースが多く見受けられる。

他方，従業員の自宅に新たにインターネット回線を引くという場合は，必ずしも会社が全額負担する必要はないようである。在宅勤務の時間や頻度を踏まえ，工事費の一定割合を会社が負担するのが合理的ではないかと考える。

携帯電話の利用料金については，前述のクラウドPBXやIP電話を利用すれば，業務利用分とプライベート利用分を切り分けられるため，業務利用分は会社負担とするのが合理的である。

> 第16条（賃金）
> 1　在宅勤務者の賃金については，本条に定めるものを除き，賃金規程の定めるところによる。
> 2　所属事業場への出社日数が月〇日以下である場合には，通勤手当は，定期代相当額ではなく，所属事業場への出社日数に往復の交通費を乗じた金額を支給する。
> 3　会社は，在宅勤務を行った日数（在宅勤務を1日あたり〇時間以上行った日数に限る。）が月に〇日以上である従業員に対して，在宅勤務手当を支給する。なお，在宅勤務手当の金額は，別途，労働条件通知書にて各従業員に個別に通知する。

在宅勤務者について，オフィスへの出社日数が一定以下の場合に通勤手当を実費支給としたり，在宅勤務日数が一定以上の場合に在宅勤務手当を支給したりする場合には，このような規定をおく必要がある。

なお，3項について，「（在宅勤務を1日あたり〇時間以上行った日数に限る）」という括弧書を付けているのは，通常，在宅勤務手当の支給の趣旨は，在宅勤務時に従業員が負担する通信費や水道光熱費等の費用を補助

第Ⅲ章［3］──リモートワーク拡大のインパクト

するためであることから，ごく短時間だけ在宅勤務をして手当の支給を受けるというような制度の悪用を防ぐためである。

第17条（教育訓練）

1　会社は，在宅勤務者および同者を管理する立場にある者その他会社が必要と判断する者に対して，在宅勤務およびその管理に必要な知識，技能を高め，資質の向上を図るため，必要な教育訓練を行う。

2　前項所定の者は，会社から教育訓練を受けるよう指示された場合には，正当な理由がない限り，これを拒否することはできない。

在宅勤務制度の導入を成功させるためには，在宅勤務者およびその上司や同僚に対して，在宅勤務およびその管理に関する教育訓練をしっかりと行うことが肝心である。

第18条（災害補償）

在宅勤務者が業務中に災害に遭ったときは，本則第○章（災害補償）の定めるところによる。

在宅勤務中の労働災害について，就業規則本体の災害補償の条文に従って補償を行うことを明確にしている。

第19条（安全衛生）

1　会社は，在宅勤務者の安全衛生の確保および改善を図るため必要な措置を講ずる。

2　在宅勤務者は，安全衛生に関する法令等を守り，会社と協力して労働災害の防止に努めなければならない。

在宅勤務者の安全衛生について特に必要な措置がある場合に，それを可能にするための規定である。

第20条（改廃）

　本規程は，関係諸法規の改正ならびに会社の状況および業績等の変化により必要があるときは，改定または廃止することがある。

在宅勤務規程を改廃する可能性があることを定めている。

第21条（施行期日）

　本規程は，〇年〇月〇日より施行する。

規程の末尾には，施行日を記載する。

　なお，在宅勤務規程は広義の就業規則の一部なので，自社の在宅勤務規程ができ上がったら，従業員代表からの意見聴取，所轄の労基署長への届出，従業員への周知の手続きを忘れずに行う必要がある（労基法89条，90条，106条1項）。

プロフィール

川久保皆実（かわくぼ・みなみ）　東京大学法学部卒業，東京大学大学院法学政治学研究科修了。ITベンチャー企業での企画営業職を経て弁護士となり，鳥飼総合法律事務所に入所。日本テレワーク学会会員。https://kawakubo373.com/

（豆知識）その５　テレワーク？　リモートワーク？

　「テレワーク」とは，和製英語のようなもので，tele（テレ）＝離れて，work（ワーク）＝働く，つまり通常の職場とは離れて働くことを指しています。1990年代にITやインターネットの発展とともに生まれた言葉だといえます。当時は，フレックスタイム制度なども含め，柔軟な働き方を「フレックスワーク」と呼ぶこともありました。また，都心にあるオフィスではなく企業が郊外に「サテライトオフィス」を作ることもニュースになったものです。

　「リモートワーク」は，remote（リモート）＝遠隔で，work（ワーク）＝働く，という意味で，「テレワーク」とほぼ同じですが，使われ始めたのはここ数年のことです。「リモート会議」という言葉も，新型コロナ感染拡大下ではよく聞かれるようになりました。

　新たな言葉が生まれても，問題は変わらず，「労働時間該当性」（労働時間にあたるか）と「労働者性」（労働者かどうか。労働法で保護されるべきか）です。

ワーケーションにおける労務管理の課題

おくばやし労務サポート　特定社会保険労務士　**奥林　美智子**

【ダイジェスト】「仕事（work）」と「休暇（vacation）」を組み合わせたワーケーションという新たな働き方が注目されている。「年休や特別休暇と仕事を組み合わせる」「年末年始、夏季休暇の前後・途中で仕事をする」「出張の前後に休暇を取得する」といった方法があるが、いずれも時間外労働の扱い等を含めた「労働時間」と「私的な時間」の切り分けをルール化する必要がある。また、対象者や期間、申請方法、費用負担などの社内ルールも労使で整える。

1　ワーケーションという働き方

　「仕事（work）」と「休暇（vacation）」を組み合わせたワーケーションという新たな働き方は，働き方を柔軟にすることで長期休暇の取得が容易になるなど，「働き方改革」を実現する有効な手段となる可能性はある。しかし，現実にワーケーションを制度化するには，どのようなルールが必要か，そして労務管理上の課題は何だろうか。

☆

　ワーケーションとは，リゾート地や地方等のふだんの職場と異なる場所で，休暇を兼ねてリモートワークを行う就業形態を指すことが多い。実施方法としてはおおむね次の3つの働き方が考えられるだろう（**図**）。

①年次有給休暇や特別休暇と仕事を組み合わせる。
②年末年始，夏季休暇の前後あるいは途中で仕事をする。
③出張の前後に休暇を取得する。（これは「出張（Business Travel）」と「余暇（Leisure）」を併せてブリージャーという造語で呼ばれる。）

　ワーケーション中でも労働者が「仕事（労働）」をしている間は，当然のことながら，労基法をはじめとする，労働関係法規が適用される。この際に一番懸念されることは，休暇に労働を一部組み込むために，「労働時間」と「私的な時間」の切り分けが曖昧になることだろう。

図　ワーケーション（仕事と休暇の組み合わせ）例

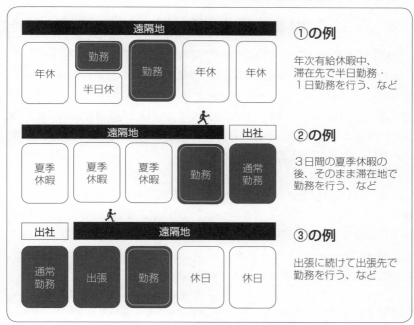

2　労働時間の定義

　「労働時間」の定義は，労働関連の法律には明記されていない。判例によって基準が解釈されており，「労基法上の労働時間」は，「客観的にみて，労働者の行為が使用者の指揮命令下に置かれたものと評価できるか否か」により決まる。では，「指揮命令下」の判断はどのようにされるのだろうか。通常の業務時間（所定労働時間）内，あるいは通常の業務時間外であっても時間外労働等の「業務命令がある」時間となるだろう。

　通常の労働環境のなかでも「業務命令の有無」で見解の対立が起こり，賃金支払いを求めるトラブルとなるケースは多い。ワーケーション時に労使双方で誤解の生じないルールが必要になる。

3　みなし労働時間制との関係

　実務上，外勤の職種や出張の際に，**事業場外みなし労働時間制**が適用されているケースは多い。ワーケーション時にも事業場外みなし労働時間制とすることは可能だろうか。労基法38条の２には，「労働者が（中略）事業場外で業務に従事した場合において，**労働時間を算定し難いとき**」に**事業場外みなし労働時間制を適用することができる**と規定されている。「労働時間を算定し難い」場合とは，どのような場合だろうか。

　これについては厚労省の「情報通信技術を利用した事業場外勤務の適切な導入及び実施のためのガイドライン」（2018年２月22日策定）（★５）が参考になるだろう。「テレワークにおいて（中略）労働時間を算定することが困難であるというためには，以下の要件をいずれも満たす必要がある」と明記されている。

> 〔**要件１**〕　情報通信機器が，使用者の指示により常時通信可能な状態におくこととされていないこと
>
> 〔**要件２**〕　随時使用者の具体的な指示に基づいて業務を行っていないこと

　抽象的でわかりにくいが，ガイドラインの解説は以下のようになっている。

〔要件１〕について

　「情報通信機器が，使用者の指示により常時通信可能な状態におくこととされていないこと」とは，情報通信機器を通じた使用者の指示に即応する義務がない状態であることを指す。（この使用者の指示には黙示の指示を含む。）

　また，「使用者の指示に即応する義務がない状態」とは，使用者が労働者に対して情報通信機器を用いて随時具体的指示を行うことが可能であ

り，かつ，使用者からの具体的な指示に備えて待機しつつ実作業を行っている状態または手待ち状態で待機している状態にはないことを指す。

――〈使用者の指示に即応する義務がない例〉――
- 回線が接続されているだけで，労働者が自由に情報通信機器から離れることや通信可能な状態を切断することが認められている場合

- 会社支給の携帯電話等を所持していても，労働者の即応の義務が課されていないことが明らかである場合

　インターネット回線につながったパソコンや携帯電話が労働者の手元にあり，いつでも連絡を取ろうと思えば取れるという状態であるという場合，単にそれだけで〔要件1〕の該当性が否定されるわけではない。
　ガイドラインは，さらに踏み込んで，「情報通信機器を通じた使用者の指示に即応する義務」があるかどうかで判断することを求めている。

〔要件2〕について

　「具体的な指示」には，たとえば，当該業務の目的，目標，期限等の基本的事項を指示することや，これら基本的事項について所要の変更の指示をすることは含まれない。

――〈具体的な指示にあたらない例〉――
- 「今月末の会議で使う資料なので，今週中までにドラフトが欲しい」といった程度の指示をすること

☆

　以上をまとめると，ワーケーションを行う際に，事業場外みなし労働時間制を適用する場合は，(1) 上司からの連絡に対して即応する義務を課さないこと，(2) 上司からの指示は業務の目的や期限等の基本的事項にとどめることの2点に注意する必要があるといえるだろう。
　また，事業場外みなし労働時間制であっても，深夜労働・休日労働は割増賃金の支払いは必要である。

4 社内ルールの整備

では，企業がワーケーションを制度化する際，どのような社内ルールが必要となるだろうか。

さきに「仕事（work）」と「休暇（vacation）」の組み合わせについて，3つあげた。それぞれの場合に考えられる社内ルールを下にあげてみる。

表 考えられる働き方の社内ルール

仕事と休暇の組み合わせ	社内ルール
①年次有給休暇や特別休暇と仕事を組み合わせる。	連続した休暇取得の促進＋時間単位年休や年次有給休暇，特別休暇の取得単位を柔軟にして，申請により休暇中に労働日（労働時間）を組み込む。
②年末年始，夏季休暇の前後あるいは途中で仕事をする。	年末年始，夏季等の休日をフレキシブル化する等。
③出張の前後に休暇を取得する。	出張前後の有給休暇取得について，交通費，宿泊費，出張日当などの制度と併せてルール化。

いずれにしろ，労働時間制度，年次有給休暇制度と併せて，「仕事」あるいは「休暇」をどのような単位で認めるのかを決めていく必要があるだろう。

上記の時間制度のルールの次に，「指揮命令下」におかれる時間を明確にするためには時間外労働についても決めておかなければならない。

時間外労働は「原則禁止」「許可制」「管理監督者，裁量労働対象者等，時間外労働の対象とならない者のみ認める」などが考えられるだろうが，当然ながら裁量労働や管理監督者であっても深夜労働に対しては割増賃金が発生する。

また，国外でワーケーションをする際の「深夜」はどの地域の時間を基準とするか，法で定められてはいない。法の趣旨としては労働者が実際に

働いている地域の現地時間の深夜に働いた場合に深夜労働とすることが望ましいだろうが，そのような細かい点についても，あらかじめ労使で決めておく必要があるだろう。

　個人的には，健康管理面からも，労務管理の面からも，時間外労働は原則禁止とするほうが望ましいように思う。

　その他，社内ルール化が想定されることを下にあげてみる。

表　どのような社内ルールが必要か？

検討課題	想定される基準・方法等
対象労働者に制限を設けるか？	・職務，部署を限定する ・在籍年数等での制限を設ける（在籍1年以上等） ・職位で制限する（主任以上等） ・会社の基準で選定する（評価により，自己マネジメント能力の有無を測る等）
対象期間の制限を設けるか？	・業務閑散期のみ利用可能とする ・夏季休暇，冬季休暇等の所定の休暇と併せて利用する制度とする
申請期限はいつまでか？	・事前申請（○日前，前週まで，長期の場合1カ月前まで等）
申請方法はどうするか？	・申請書 ・社内システム（ワークフロー） ・メール等
決裁権者はだれか？	・上長 ・所属部署長 ・人事部
費用負担はどうするか？	・通信費は会社負担とする（Wi-Fi貸与） ・労働者負担とする
出張と休暇を組み合わせる場合の交通費はどうするか？	・出張命令のある日時の前後での移動にかかる交通費は会社負担とし，休暇を組み合わせることで差額が生じる場合は労働者負担とする
通信障害など業務に支障が生じた場合はどうするか？	・社内の連絡体制をあらかじめ決めておく

5　労災保険法との関連

　労災保険は，業務上の事由または通勤による労働者の負傷，疾病，障害，死亡等に対して，保険給付が行われる。ワーケーションであっても「業務中」の災害であれば保険給付は当然に行われるが，ここでも「仕事」か「休暇」かの切り分けが重要となってくる。

　また，出張は，原則すべて業務命令となるため，移動中も含めて業務災害となるが，出張の前後に休暇を取った場合，「休暇」の部分は私的行為であるため，移動も含め業務災害とはならない。

　移動が通勤と考えられるかという点でも，「通勤」とは就業に関し，住居と就業の場所との間の移動を，合理的な経路および方法により行うことをいい，業務の性質を有するものを除くものとされている。ワーケーションの地に行くことが，労働者の意思で選ばれている場合，「通勤」にはあたらないと考えられるが，実際の事例は見当たらない。個別に労基署の判断がなされることになるだろう。

　ワーケーションという働き方は，本人の意思で，休暇期間中にスポット的に働くことや，出張先で休暇を取って帰ってくることを会社が承認するという，労働者にとっては自由度の高い制度だが，まだルールづくりに対する議論は深まってはいない。また，仕事が休暇を侵食するという考え方もある。労働者の納得を得ながら，社内のルールを整えていく必要があるだろう。

〔『人事実務』2020年2月号掲載記事の再掲〕

プロフィール --

奥林美智子（おくばやし・みちこ）　大学卒業後，メーカー勤務を経て社会保険労務士に。社労士事務所勤務の後，2015年おくばやし労務サポート設立。東京テレワーク推進センターテレワーク専門相談員。

with コロナにおける社員のストレス

SOT カウンセリング研究所　所長　**緒方　俊雄**

1　職業における「うつ」が起きる原因

2　在宅勤務・テレワーク等によるストレス

3　人事部門の課題

4　この機会を活かして

【ダイジェスト】コロナ禍では、「テレワークへの対応」「引きこもり生活のストレス」「配偶者・子どもとのトラブル」等が、従業員の「コロナうつ」に繋がる可能性がある。「コロナうつ」を防ぐには、まずは仕事のオン・オフの時間を決めることが有効となる。人事部門は、ストレスチェックの有効活用やオンラインでのストレス講座、相談窓口等の設置により、従業員の体調把握、業務内容や就労環境の把握に努める必要がある。

1　職業における「うつ」が起きる原因

　現在，新型コロナウイルス（COVID-19）の感染拡大によって，多くの人がいろいろなストレスを抱えている。状況は刻々と変わっているが，ストレスを抱える状態がどういう問題につながる懸念があって，それを防ぐためにどのようなことに留意すべきなのかということは，今後，再び緊急事態宣言が出る・出ないにかかわらず，人事として知っておくことは有用だと考える。

　まず，そもそも「うつ状態」「うつ病」とはどういう症状なのか，基本情報に触れておきたい。

　職業性ストレスモデル（**次頁図**）にあるように，人は，職場の対人関係や労働負荷など職場に起因するストレスや，家族や友人など職場以外のストレスがかかる。考え方や健康状態など個人的要因がその人のストレスの強さ，いわば器のようなもので，かかっているストレスがその器をこえると水があふれ出すように，まず，「急性ストレス反応」が起こる。急性ストレス反応とは，気分が落ち込むといった「心理的反応」，緊張したり頭痛がしたりという「身体的反応」，遅刻するなどの「行動的反応」である。こうした反応は，ストレスがかかると通常でもよく起こる。

　そのような状態に，さらにストレスがかかり続けると，「自律神経失調症」になってしまう。自律神経失調症とは，活動時に優位になる交感神経と，安静時に優位になる副交感神経の２つのバランスが崩れた状態である。イライラや不安感など心の症状や，慢性的な疲労やめまい，偏頭痛といった体の症状が出てくるが，脳波検査や胃カメラを飲んでも検査結果としては表れない。しかし，「だから大丈夫」というわけではなく，こうした心身が疲労しきった状態を放置すると，実際に「うつ病」などの病気になってしまう。

　うつ病の症状には，「抑うつ気分」「興味や喜びの喪失」など，下記のように主に９つの症状がある。このうち５つ以上が該当し，かつそれが２週

図　職業性ストレスモデル

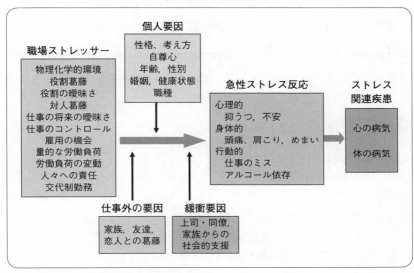

資料出所：NIOSH（米国国立職業安全保険研究所）より

間以上続くと，うつ病が疑われる。

―――――――――― うつ病の症状（9症状） ――――――――――

1．抑うつ気分

2．興味や喜びの喪失

3．食欲の減退

4．睡眠の障害

5．運動の制止・強い焦燥感

6．疲れやすさ・気力の減退

7．強い罪責感

8．集中力や決断力の低下

9．死への思い

　うつ病になる原因は，「上司や同僚などとの人間関係」が多くを占める。そこから「セクハラ・パワハラ」が起こったりもする。「過重労働」も主な原因の1つで，月80〜100時間の残業を3カ月〜半年続けると，うつ病になる。

2 在宅勤務・テレワーク等によるストレス

こうした基本を押さえたうえで，緊急事態宣言が出された2020年4月に何が起こっていたのか，振り返ってみる。

テレワーク開始時のストレス

早い会社では，3月からテレワーク（在宅勤務）を実施していた。この時期に複数の企業の人事の方にヒアリングをしたところ，さまざまな声があった。仕事については，「やりとりがすべてメールで，メール数が通常の3〜5倍に増えた」「文書で文脈が伝わりにくく，ミスが発生してしまう」「口頭で済んでいたごく簡易な相談がしづらい」「残業が自己申告で不明確」「新入社員の指導が難しい」「マネジャーの部下の管理が難しい」といった問題点があがった。このままの状況が長期に及ぶと，業績がダウンしてしまい，それを回復させようと圧力がかかってくることを懸念する声もあった。

「家族との関係」も大きな課題だった。ヒアリング調査では「家族が家にいると気を遣ってしまい仕事がしづらい」「自室がなく，リビングで仕事をしなければならない」「保育園などが閉鎖されているので，子どもを横において業務を行うには限界がある」といったことが指摘された。

プラスの意見

一方で，プラス意見もあった。「無駄な会議，電話，外出がなくなるため，作業に集中しやすい」「通勤がないので電車通勤のストレス，身体的な負荷がなくなる」「苦手な上司や同僚に会わなくてすむ」「時間に自由で縛られない」といったものである。

お気づきかもしれないが，これらのプラス意見は，さきに述べたうつ病の原因となる問題と逆の内容である。在宅勤務となったことで，会社に行かなくて済むので苦手な上司や同僚に会うことはないし，セクハラ，パワ

ハラにも遭わずにすむ。時間が自由になり長時間労働から解放される。つまり，これまでのうつ病の原因が軽減されてきているのである。

　その代わり，「テレワークへの対応」「引きこもり生活のストレス」「配偶者・子どもとのトラブル」といったことが問題となった。これらの問題が，「コロナうつ」あるいは話題になっている「コロナ離婚」につながるというわけである。

「コロナうつ」を防ぐには

　いまのところ，「コロナうつ」として休職までに至った事例は少ないと思うが，今後の不安解消のためにも，「コロナうつ」にならないためのポイントを紹介する。

「コロナうつ」にならないために

・仕事のオン・オフの時間を決める	・オフのときは仕事から完全に離れる
・朝，夕散歩して気分転換	・50分画面に向かったら10分休憩する
・夜12時前には寝る	・野菜など栄養に気をつける
・読書，ビデオ，音楽を楽しむ	・気分転換に軽い体操，ヨガ，瞑想
・テレビのコロナの番組はほどほどにする	・土日は友だちと電話で話す
・体調や気分の変化に注意する	

　まず，仕事のオン・オフの時間を決めることである。仕事を始める前に散歩をする，夜は12時前に寝るなど，生活サイクルを保つことが大事である。食生活にも注意したほうがよいだろう。野菜を摂るなど，栄養バラン

スに配慮することも大切だが，1食ごとに気を遣っていると疲れてしまうので，1日単位で考えるとよい。

　そのほかテレワークの「コロナうつ」以外にも，さまざまな心の病気が発生している懸念もある。企業の人事が配慮すべきこととは若干領域が異なるが，たとえば宅配や荷物受取りの接触を過度に忌避するなど過剰な対応によるコロナ疲れ，隣の人の咳を気にしすぎるなどの強迫神経症，経済的な危機によるうつ病や自殺，医療者や感染者のうつ病や独居老人のうつ病や認知症といったことである。

　なお，プライベートなことであるが，社員のストレスの原因ともなる「コロナ離婚」は，従来は上司や同僚がストレスだったのが，在宅勤務になったことで，ストレスが家族（配偶者・子ども）に向かってしまうことにより，引き起こされる。「コロナ離婚」にならないためには，相手を思いやることが大事なのはいうまでもなく，家事を分担したり，夕飯までに仕事を終了させたりという具体的な行動も必要である。ただこれも，外出ができるようになった状況では，ある程度緩和されつつあると思われる。

3　人事部門の課題

　では今後，社会や企業活動がどう変化していくのか，だれにもわからない状況下で，人事はどうすればよいのだろうか。1つ考えられるのは，**テレワーク（在宅勤務）は，コロナ収束後もある程度残り続ける**ということである。現在，通常勤務に戻りつつある企業もあるが，総合的にみると，テレワークのほうがストレスが少なくてよいと考える人が多いからである。

人事の問題点

　しかし一方，テレワークによる「人事の問題点」が出てくる。

　具体的には，休職・復職の判断，休職中の確認が難しかったり，体調不良をみつけにくかったりすることである。対面であれば，顔色などから不調を察知できるが，テレワークではそこまで把握するのは困難である。そ

もそも，これまでも上司ならともかく，人事が個人の状況を把握するにはストレスチェックぐらいしかなかった。しかも，国が義務づけているストレスチェックは，個人情報保護の観点から活用しにくいものである。

　そこで，より簡単な項目のアンケートを同意の下，高頻度（月1回程度）で実施し，各人の状況を把握してはどうだろうか。そのほか，オンラインのストレス講座を開設する，気軽に相談できる窓口を設けるといった対応も考えられる。

```
┌─────────────── 人事の問題点 ───────────────┐
│                          ・毎月簡易的なストレスチェック    │
│  体調不良をみつけにくい ⇨  ・オンラインのストレス講座      │
│                          ・体調不良の相談窓口           │
│                                                     │
│  休職・復職の判断，休職中の確認が難しい                   │
└─────────────────────────────────────────┘
```

さまざまな課題

　テレワークは部下の働きぶりがみえない分，評価も難しいところだ。やはりアウトプットで判断すべきだと思うが，テレワークで緊張感がなくなると，会社に行っているときよりもアウトプットは低くなるかもしれない。そこで，パソコンの立上げ状況や着席状況を厳密に監視する企業もあるかもしれないが，そこまでやると働く側にはストレスなので注意が必要だ。

　階層別でいえば，新入社員にとっては同期との親睦を深めることもできないうえに，仕事の内容もわからないままテレワークを余儀なくされ，それがストレスにつながってしまう可能性もある。マネジャーは部下の管理がしづらくなるだろう。役職者については，上の階層になるほどストレス耐性が高い側面があるので，テレワークによるストレスはそれほどでもないかもしれないが，経営状態の悪化を気にかける人は多いだろう。

　また，やはりまだ家事は女性が担うという意識が主流なので，働いている女性に負担がかかり，彼女たちのストレスが増えてしまいそうである。

　属性や性別によらず，業務内容により，在宅しやすい・しにくいといっ

第Ⅲ章[3] ── リモートワーク拡大のインパクト

187

た違いも当然あるし，職場の個々人間で，在宅勤務に対する認識に違いがある状態に対し，ストレスが増えてしまう人も出てくるかもしれない。さらに，「テレワークのほうがラクだ」と感じた人が，従来のように通勤するようになると，より大きなストレスを感じるかもしれない。このように，**課題はまだまだ出てきそうである。**

　家庭の状況によっては，テレワークが続けば書斎も必要になる。これまで人事は，そこまでのプライベートには踏み込まなかった，今後はその部分をもっと聞く必要があるのかもしれない。個別にヒアリングをするなどして，**人事はこれまで以上に，個人個人の業務内容や働く環境について，しっかり把握する必要が出てくるのではないだろうか。**

　かつての人事は，オフィスのさまざまな部署に行って雑談したり，アフター５にはいろいろな社員と飲み歩いたりするなかで，社員の「人となり」，場合によっては「家庭環境」までをも把握していた。それは本で学ぶような専門性ではないが，**今も昔も「人の見極め」が重要**であることは確かであり，それこそが人事の専門性だと思う。

4　この機会を活かして

ストレスがないと弱体化する

　テレワークはストレスが少なくてラクだと考える人が多いと伝えたが，それにより心の病気が減るかというと，そうではないと思う。逆にある程度のストレスがないと，心身ともに弱体化してしまう。究極の「ラク」は，いってみれば動物園の動物で，何もしないでエサが与えられる生活をすることである。

　「ラクだから」と，安易に流されるのではなく，生きていくためには自分で何かを獲得することが必要である。富士山は自分の足で登るからこそ意味があるのと同じである。そう考えると，職場に通ってある程度のストレスを感じることも必要なことなのかもしれない。

ラクを安易に選ばずに多少のストレスと付き合うことは，突きつめると，多少のストレスを伴っても意味があると感じることは何か，自分にとって何が大切なのか，自分はなぜ働いているのか，自分はどう生きたいのかなど，仕事の本質や自分のあり方を見つめ直すことにつながるのではないかと思う。

人はうまくいっているときは自分を振り返らないものである。だからこそ，このコロナ禍に，そうしたことを考えるのはいいチャンスだと思う。

「ぼんやり」のすすめ

もう1つ，コロナがいつ収束するのか先のことがわからないなかで，もやもやした不安を感じたり，現状をなんとかしようとがんばったりする人が多いいまだからこそ，実践してほしいことがある。それは，「ぼんやり」することである。ぼんやりはなぜ大事なのか，対極ともいえる「がんばること」とあわせて説明しよう。

人というのは何かを獲得することで幸せを手に入れようとする。しかし，獲得で得られるのは「幸せ」ではなく，「喜び」である。狩猟採集時代に遡ればわかるように，人は獲物をとることで喜びを感じていた。しかしある獲物を手に入れても，また別の獲物が欲しくなる。終わりがなく，獲得し続けるために絶えずがんばらなくてはならない。

一方，「幸せ」とは，「生きていることに不安がない」状態をいう。一人静かなところでぼんやりして，「自分にとって不安がない環境」をつくると幸せを感じる。幸せになるには，獲得のためにがんばり続けなくても，ただぼんやりすればいいのである。そのために必要とするものは，「ない」ので，いつでもどこでも幸せになれる。若いうちは獲得することも大事だが，年齢を重ねてからは，獲得ではなく「ぼんやり」して幸せを感じることをお勧めする。　　　　　〔『人事実務』2020年8月号掲載記事の抜粋〕

プロフィール

緒方俊雄（おがた・としお）　大手電機メーカーにて，研究開発，マーケティング，カウンセリングなどの業務に従事。現在，SOTカウンセリング研究所所長。臨床心理士。心理カウンセリング，メンタルヘルス関連の講演，研修，執筆などを行う。著書に，『慢性うつ病は必ず治る』『すぐ会社を休む部下に困っている人が読む本』『「いい人」をやめる7つの方法』『ぼんやりのすゝめ』等。

もうコロナ前の働き方には戻らない
―拡大するテレワークと課題を企業事例から考える―

労働政策研究・研修機構　リサーチフェロー　荻野　登

　2020年４月７日の政府による緊急事態宣言を受けて，通勤・勤務による感染拡大を防止するため，テレワークを導入・拡大する企業が急増した。こうした動向を踏まえて，労働政策研究・研修機構は「新型コロナウイルス感染拡大の仕事や生活への影響に関する調査」を実施し，宣言解除後も継続的に調査を続け，９～11月は大手企業14社に対するヒアリング調査を行った。

　テレワークの実施状況の推移を調査からみると，５月時点で約３割の回答者がテレワークを実施していたが，宣言解除後の７月末時点では２割弱に減少し，揺り戻しがみられた。いったん揺り戻しがあったものの，感染症拡大前の状況に戻ったとはいえないことから，大手企業に対するヒアリング調査を行うなかで，「もうコロナ前の働き方には戻らない」という，各社共通の方向性が浮かび上がった。

　揺り戻しはヒアリング調査でも確認できたものの，ゼロに戻した企業はない。一方で，「原則テレワーク」とし，出社を申告制とするなど，位置づけを逆転させ，テレワークを一気にワークスタイルの主軸にする企業もあった。育児・介護支援のため導入した従来の制度では，ほとんどが月・週の利用回数の上限やフレックスタイムのコアタイムを設けていたが，コロナによる制度対象の拡大を機に，回数制限やコアタイムの廃止に踏み切るケースが目立った。

　テレワークの拡大とともに直面している課題では，製造・販売などの現場を有しているなど，テレワークに向かない職種との間の不公平感，組織内のコミュニケーション不足，テレワーク勤務者の評価制度をあげる企業が多かった。テレワークが実施できない職場でも，この間，導入が進んだのがWeb会議システムだった。部内会議のほか，部門間や支店・営業所との打合せ，さらに新入社員，パート・契約社員に対するWeb研修など，Web会議システムの活用の幅は，格段に広がった。

　コミュニケーション不足の解消策として，在宅時はレポート作成などの創造的（イノベーティブ）な仕事，出社は意見交換が必要な企画の打合せなど，仕事の内容・役割を明確に区分する取組みもみられた。

　テレワークの導入・拡大を阻害する要因として，上司が出社してきている

こと，取引先を含めて押印などのペーパーワークが残存していること，職場に工場・販売などの現場を抱えていることなどが指摘された。こうした課題に対応するためには，幹部層を含めたデジタル化の推進が欠かせず，デジタル・トランスフォーメーション（DX）をさらに推進するきっかけとなっているようだ。

テレワークに軸足を移した企業では，すでに通勤手当の見直しなどを実施していた。通勤手当を廃止し（実費精算），テレワーク手当等の支給に切り替えた企業が複数社あった。出社しない社員が増加すれば，既存オフィスの見直しも避けられない。営業拠点（サテライトオフィス含む）の活用をより促すことで，本社スペースの縮減にすでに着手した企業がある。さらに，テレワーク＋Web会議の活用が進み，これに出張を組み合わせると，単身赴任が不必要となるケースも多いことから，赴任解除のほか，転勤の見直しに踏み込む企業も出てきていた。

もう１つの課題としてテレワーク勤務者の評価制度があがっていたように，管理職はこれまでのプロセスを管理するスタイルがテレワークによって取りにくくなる。そのため，多くの企業はアウトプットを重視するマネジメント・スタイルに転換しなければならなくなるとみている。とはいえ，テレワークの拡大・定着によって，従来型のコミュニケーション，メンタルヘルス対策，新入社員の育成などは，見直しを余儀なくされる。そのため，デジタル技術を活用した採用活動の定着から，人材育成，キャリア形成などについても，新たなアプローチによる「ニューノーマル」の構築が不可欠となる。

（おぎの・のぼる）

（豆知識）その6　「同一労働同一賃金」をめぐる法改正①

　「同一労働同一賃金」の最高裁判決を考える際に，法改正の経緯を振り返ってみましょう。

　ここでいう「同一労働同一賃金」とは，パート労働者・有期雇用労働者と「正社員」の間に，条件によって「均衡待遇」（前者と後者の待遇差に合理性があること），「均等待遇」（前者と後者に待遇差があってはならないこと）を求めるものです。

　パート労働者・有期雇用労働者の数は，この30年ほどの間に全雇用者の2割程度から4割程度へと増加しています。ただし，正社員との間には待遇差のあることが一般的でした。

　そこでまず，パート労働者の雇用管理を改善し，保護するために1993年にパート労働法が制定されました。2007年の改正で8条（当時）に，「正社員と同視すべきパート労働者の差別的取扱いの禁止」が盛り込まれました。
　さらに，2007年に制定された労契法には「就業の実態に応じた均衡処遇の原則」が盛り込まれ（3条2項），2012年の改正で，「有期と無期の不合理な労働条件の相違の禁止」が規定されました（20条〈当時〉）。
　2014年にはパート労働法8条も同様の規定とされ（「均衡待遇」），9条が「正社員と同視すべきパート労働者の差別的取扱いの禁止」（「均等待遇」）となりました。

（208頁に続く）

第III章 ┅┅【4】

新しい働き方の可能性と法的課題

【ダイジェスト】新しい働き方の1つとして関心の高い副業・兼業については、労働時間の扱いが課題となる。厚労省が改定したガイドラインを参考に対応を考えよう。関連して、クラウドワーカーやフリーランスに対する法的な保護のあり方も検討されており、チェックしておきたい。

MEMO

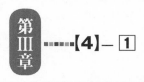

副業・兼業を認める際の留意点

第一芙蓉法律事務所　弁護士　**小鍛冶　広道**

1 「副業・兼業の促進に関するガイドライン」改定

　（2020 年 9 月）に至る経緯

2 改定ガイドラインのポイント

3 「許可制」を前提とした許可申請書に盛り込む

　べき事項

　◆許可申請書例

【ダイジェスト】厚労省は 2020 年 9 月、「副業・兼業の促進に関す
るガイドライン」を改定した。そのなかでは、副業・兼業における①労
働時間の通算と時間外労働の取扱いが示され、②「簡便な労働時間
管理の方法」(管理モデル) が示された。ただし、副業・兼業による
過重労働を避けるためには、使用者の安全配慮義務が問われることに
変わりはない。副業・兼業については、「届出制」よりも「許可制」
のほうが現実的であり、適切であるといえる。

1 「副業・兼業の促進に関するガイドライン」改定 （2020年9月）に至る経緯

　「働き方改革実行計画」（2017年3月28日決定・公表）において「原則，副業・兼業を認める方向で副業・兼業の普及促進を図る」ことが明記されたことを受け，厚生労働省は2018年1月，「副業・兼業の促進に関するガイドライン」（以下，改定前ガイドライン）を公表した。

　改定前ガイドラインでは，
「裁判例では，労働者が労働時間以外の時間をどのように利用するかは，基本的には労働者の自由であり，各企業においてそれを制限することが許されるのは，労務提供上の支障となる場合，企業秘密が漏洩する場合，企業の名誉・信用を損なう行為や信頼関係を破壊する行為がある場合，競業により企業の利益を害する場合と考えられる」との指摘が行われたうえ，
「裁判例を踏まえれば，原則，副業・兼業を認める方向とすることが適当である」
と明記された。

　あわせて，厚労省は2018年1月にモデル就業規則★21の改定を行い，就業規則における副業・兼業に関する規制のあり方について，従前の「許可制」（「許可なく他の業務に従事しないこと」との記載）から「届出制」に変更することを推奨するに至った。

　しかしながら，こうした政府・厚労省の取組状況にもかかわらず，各企業において，就業規則における副業・兼業に関する規制を「許可制」から「届出制」に変更することにより副業・兼業を「解禁」した企業は，ごく少数にとどまっていると思われる。

　実際，2018年7月から2019年8月まで開催された「副業・兼業の場合の労働時間管理の在り方に関する検討会」において厚労省より提出された「副業・兼業に関する企業ヒアリング結果について」[1]★14には，合計11企業からのヒアリング結果が掲載されているが，これら11企業において，「許

可制」から「届出制」に完全に変更した企業は皆無であったばかりか，同資料の最終頁においては，「①副業・兼業先に『雇用』を認めていない，あるいは②時間通算の問題が生じないように，法定労働時間内の副業・兼業しか認めていない，という取扱い」が「企業のほぼすべてに共通していた」との取りまとめが行われていたところである（筆者のクライアント企業においても，「許可制」を「届出制」に変更した企業は，おそらく皆無である）。

　各企業が副業・兼業について「許可制」から「届出制」に変更することにより副業・兼業を解禁することに「及び腰」である理由としては，かねて副業・兼業容認に際してのネックとなっていた【A】労基法38条１項（労働時間通算規定）の問題と【B】安全配慮義務の問題について，改正前ガイドラインにおいては具体的な問題解消が図られなかった，ということがあげられよう。

> 副業・兼業容認のネック
> 【A】労基法38条１項（労働時間通算算定）の問題
> 【B】安全配慮義務の問題

　また，筆者自身も，上記【A】【B】２つの問題について具体的な問題解決が図られている状況ではない以上，現状において副業・兼業を「許可制」から企業によるコントロールの弱い「届出制」に変更するのは拙速であり，規制の枠組みとしてはあくまで「許可制」を維持したうえで，それまでの「許可することはあり得ない」という運用態度についてはこれを改め，たとえば，【A】の問題が生じない「非雇用」形態に限って（しかも，健康管理上問題の生じないような就労時間の範囲内で）許可するか，あるいは，「雇用」形態の場合は通算した実労働時間が法定労働時間の範囲内となるような副業・兼業に限って許可する，といった「基本的な許可基準」を設定したうえで，許可手続きや許可後の報告手続き等，副業・兼業に関するコントロールの方策を具体化していくのが望ましい，とのアドバ

1．「副業・兼業に関する企業ヒアリング結果について」（厚生労働省労働基準局）https://www.mhlw.go.jp/content/11909500/000404505.pdf

イスを行ってきたところである。

　もっとも，直近の情勢としては，新型コロナウイルス禍において各企業が時間外労働を削減し，あるいは休業実施に踏み切るなか，クライアント企業からの相談としても，収入減にさらされている従業員の収入補填策として，従前よりは広範囲に副業・兼業を認める方向に舵を切りたい，という相談が増えてきているのも事実である。

　このような状況下，厚労省は2020年９月１日，ガイドラインの改定を行うとともに（令2.9.1基発0901第４号別添。以下，改定ガイドライン[2]）（★２），厚労省ホームページにおいて，「副業・兼業に関する届出様式例」「管理モデル導入（通知）様式例」「副業・兼業に関する合意書様式例」（★15，16，17）を公表するに至っている。

2　改定ガイドラインのポイント

　改定ガイドラインにおいては，その冒頭において，「本ガイドラインは，副業・兼業を希望する者が年々増加傾向にある中，安心して副業・兼業に取り組むことができるよう，副業・兼業の場合における労働時間管理や健康管理等について示したものである」との記載が追加されており，上記【A】【B】の問題について具体的な問題解決を図ることが，ガイドライン改定の目的であったことは明らかといえるであろう。

　改定ガイドラインのポイントを要約すると，下記のとおりとなる。

(1)　労基法38条１項に関する具体的な行政解釈の提示

　改定ガイドライン（および脚注２の通達（★18））においては，副業・

2．副業・兼業の促進に関するガイドライン（https://www.mhlw.go.jp/file/06-Seisakujouhou-11200000-Roudoukijunkyoku/0000192844.pdf）。なお，同日付けで「副業・兼業の場合における労働時間管理に係る労働基準法第38条第１項の解釈等について」と題する通達（令2.9.1基発0901第３号）も発出されているが，その内容は改定ガイドラインと重複している（https://www.mhlw.go.jp/content/11200000/000673995.pdf）。

兼業の場合における労基法38条1項の解釈・運用について，概要，以下のとおりの行政解釈が示された[3]。

---

① 「非雇用」形態の場合のみならず，「雇用」形態のうち労働時間規制が適用されない場合（管理監督者等，労基法41条・41条の2の適用対象者）についても，労働時間の通算は行われない。

② 時間外・休日労働時間が単月100時間未満，2～6カ月平均80時間以下でなければならない旨の規制（労基法36条6項2号・3号）については，労働者個人の実労働時間に着目し，当該個人を使用する使用者を規制するものである以上，その適用において自らの事業場における労働時間および他の使用者の事業場における労働時間が通算される。

③ 36協定において定める延長時間（1日，1カ月，1年。原則として45時間／月，360時間／年，特別条項においても720時間／年の範囲内で定められている）は事業場ごとの時間で定められていることから，それぞれの事業場における時間外労働が36協定に定めた延長時間の範囲内であるか否かについては，自らの事業場における労働時間と他の使用者の事業場における労働時間とは通算されない。

④ 労働時間の通算は，自らの事業場における労働時間制度を基に，自らの事業場における労働時間と他の使用者の事業場における労働時間とを通算することによって行い（週・月の労働時間の起算日については自らの事業場における起算日を用いる），自らの事業場の労働時間制度における法定労働時間を超える部分が時間外労働となる。

⑤ 他の使用者の事業場における実労働時間は労働者からの申告等により把握するが，把握の方法としては，必ずしも日々把握する必要はなく，労基法を遵守するために必要な頻度で把握すれば足りる

3．あわせて，休憩（労基法34条），休日（同35条），年次有給休暇（同39条）の各規定の適用において，自らの事業場における労働時間と他の使用者の事業場における労働時間は通算されない旨も明示された。

（一定の日数分をまとめて申告させる，所定外労働があった場合にのみ報告させる，等）。

　以上のうち②③については，労基署対応等に携わってきた実務担当者からすれば違和感を覚える部分かもしれないが，実際には，すでに「働き方改革関連法」による労基法改正に際して示されていた行政解釈であり，特段目新しいものではない[4]。

(2) 「簡便な労働時間管理の方法」（管理モデル）の提示

　加えて，改定ガイドライン（および脚注2の通達（198頁））においては，「簡便な労働時間管理の方法」（管理モデル）が示されたところであり，この「管理モデル」こそが，改定ガイドラインの「目玉」ということができる。
　改定ガイドラインに記載された「管理モデルの枠組み」を抜粋すると，以下のとおりとなる。

　管理モデルは，副業・兼業の開始前に，当該副業・兼業を行う労働者と時間的に先に労働契約を締結していた使用者（以下「使用者A」という。）の事業場における法定外労働時間と時間的に後から労働契約を締結した使用者（以下「使用者B」という。）の事業場における労働時間（所定労働時間および所定外労働時間）とを合計した時間数が単月100時間未満，複数月平均80時間以内となる範囲内において，各々の使用者の事業場における労働時間の上限をそれぞれ設定し，各々の使用者がそれぞれその範囲内で労働させることとするものであること。また，使用者Aは自らの事業場における法定外労働時間の労働について，使用者Bは自らの事業場における労働時間の労働について，それぞれ自らの事業場における36協定の延長時間の範囲内とし，割増賃金を支払うこととするものであること。

4．平30.12.28基発1228第15号の第2・問7等。

これにより，使用者Ａ及び使用者Ｂは，副業・兼業の開始後においては，それぞれあらかじめ設定した労働時間の範囲内で労働させる限り，他の使用者の事業場における実労働時間の把握を要することなく労基法を遵守することが可能となるものであること。

改定ガイドラインを読んでいても，「管理モデル」の導入手順について具体的なイメージを持つことは難しいのだが，「管理モデル」導入の具体的手順としては，たとえば，以下のような手順で導入することが想定されていると思われる。

① まず，使用者Ａと副業・兼業を希望する労働者との間で，「使用者Ａの事業場における時間外・休日労働時間の上限は合計40時間／月とする」旨の上限設定をするとともに，「『使用者Ｂの事業場における実労働時間（所定内・外合計）の上限は40時間／月とすること』および『使用者Ｂの事業場における実労働時間（所定内・外）のすべてについて時間外労働割増賃金の支払対象とすること』について，使用者Ｂと労働者が合意・確認すること」についても合意・確認する
② 次いで，使用者Ｂと労働者との間で，「使用者Ｂの事業場における労働時間（所定内・外合計）の上限は40時間／月とする」旨の上限設定を行うとともに，「使用者Ｂの事業場における労働時間（所定内・外）のすべてについて時間外労働割増賃金の支払対象とすること」について合意・確認する

ところで筆者としては，現時点では「管理モデル」の理論的正当性について理解できず，困惑しているところである。

たとえば，ある日において，使用者Ａの事業場における所定労働時間が8時00分から12時00分（4時間），使用者Ｂの事業場における所定労働時

間が14時00分から18時00分（4時間），というケースで考えると，この日
に使用者Aの事業場において12時00分から13時00分までの1時間，所定時
間外労働をさせた場合，当該1時間は時間外労働時間に該当し，使用者A
において割増賃金の支払義務を負う，というのが行政解釈の帰結である
（改定ガイドライン3.(2).ウ.(ウ). b）。

　ところが，「管理モデル」を導入することにより，この1時間はどうい
うわけか時間外労働時間ではなくなってしまい，使用者Aは割増賃金の支
払義務を免れる…ということのようなのだが，法律上の根拠もない「管理
モデル」の導入により，どうしてこのような，「本来であれば時間外労働
に該当する時間が時間外労働でなくなる」という法律効果を認めることが
できるのか，筆者としては理解できないでいる。

　このように，「管理モデル」の理論的妥当性については疑問なしとしな
いが，それはさておき，**各企業において「許可制」を前提に「管理モデル」
を導入する場合には，副業・兼業に関する「許可申請書」において「管理モデ
ル」導入に際しての必要事項を誓約させる，というプロセスが適切なのではな
いか，と考えられる（後掲「副業・兼業許可申請書」様式例参照）。**

(3) 安全配慮義務に関する基本的な考え方／講ずべき措置の例示

　上記【B】，すなわち安全配慮義務の問題について，改定前ガイドライ
ンにおいては具体的な記載は皆無であったのだが，改定ガイドラインにお
いてはこの点が改められ，「使用者が，労働者の全体としての業務量・時
間が過重であることを把握しながら，何らの配慮もしないまま，労働者の
健康に支障が生ずるに至った場合」等については安全配慮義務の問題とな
りうることが示されるとともに，「副業・兼業の開始後に，副業・兼業の
状況について労働者からの報告等により把握し，労働者の健康状態に問題
が認められた場合には適切な措置を講ずること」等が考えられる，との記
載が追加された（3.(1).ア）。

　あわせて，改定ガイドラインでは，「健康管理」についての記載も拡充
され，安衛法上の健康確保措置（健康診断，長時間労働者に対する面接指
導やこれらの結果に基づく事後措置等）について，これら健康確保措置の

実施対象者の選定にあたっては副業・兼業先における労働時間の通算をすることとはされていないものの,「使用者の指示により副業・兼業を開始した場合」には,
「当該使用者は,原則として,副業・兼業先の使用者との情報交換により,それが難しい場合は,労働者からの申告により把握し,自らの事業場における労働時間と通算した労働時間に基づき,健康確保措置を実施することが適当である」
と記載されるとともに,「使用者が労働者の副業・兼業を認めている場合」には,
「副業・兼業の状況も踏まえ必要に応じ法律を超える健康確保措置を実施することなど,労使の話し合い等を通じ,副業・兼業を行う者の健康確保に資する措置を実施することが適当である」
と記載されるに至った（3.(3)）。

　上記のとおり,改定ガイドラインの目玉である「管理モデル」は,「他の使用者の事業場における実労働時間の把握を要することなく労基法を遵守することが可能となる」仕組みとして提示されたものだが,「管理モデル」を導入したからといって,安全配慮義務との関係で副業・兼業先の労働時間の状況等を勘案しなくてよくなるものではない。
　安全配慮義務の観点からすれば,「管理モデル」を導入する場合であっても,そもそも使用者Aの事業場における時間外・休日労働時間の上限,および使用者Bの事業場における労働時間の上限を設定するに際し,その合計時間数が上限規制ぎりぎり（1カ月100時間未満,2～6カ月平均80時間以下）になるように設定すべきなのか,という点から検討すべきであろう（たとえば,「合計60時間以内」に設定する,等）。
　あわせて,「管理モデル」を導入する場合でも,労働者からは定期的に副業・兼業にかかる実労働時間を申告させ,設定された上限超過の事態が発生していないかを検証するとともに,自社における労働時間と合算した労働時間をベースに,長時間労働者に対する医師の面接指導（安衛法66条の8）に準じた措置を講ずること等を検討すべきと思われる。

３ 「許可制」を前提とした許可申請書に盛り込むべき事項

　ところで，改定ガイドラインにおいては，「原則，副業・兼業を認める方向とすることが適当である」との記載が維持されるとともに，随所において「届出制」の採用を前提とした記載が含まれており，「届出制」を推奨する，との態度は（形式上は）堅持されている。

　しかしながら，改定ガイドラインにおいては，副業・兼業が労働時間通算の対象となる場合には，「他の使用者との労働契約の締結日・期間」「他の使用者の事業場での所定労働日，所定労働時間，始業・終業時刻」「他の使用者の事業場での所定外労働の有無，見込時間数，最大時間数」「他の使用者の事業場における実労働時間等の報告の手続」等について「各々の使用者と労働者との間で合意しておくことが望ましい」と記載され（改定ガイドライン３.(2).イ.(イ)），上記「副業・兼業に関する合意書様式例」もこうした記載に即した体裁・内容となっているが，このように副業・兼業の内容・態様を使用者として具体的に拘束し，コントロールするのであれば，「届出制」より「許可制」のほうが直截であり，適切であることはいうまでもないだろう。

　さらに，上記「管理モデル導入（通知）様式例」に至っては，端的に「貴殿から届出のあった副業・兼業について，以下の点を遵守して行われることを条件に認めますので，通知します」という体裁が採られるに至っている（まさに「許可書」そのものである）。

　筆者としては，こうした改正ガイドラインや様式例の体裁・内容からすれば，副業・兼業に関する規制のありようとしては，やはり「届出制」ではなく，「許可制」の下で副業・兼業の内容・態様について具体的にコントロールしていくほうが現実的であり，適切であることを，厚労省も事実上認めざるをえなくなったもの，と評価している。

　上述のとおり，筆者は従前より，副業・兼業については「許可制」の枠組みを維持しつつ，基本的な許可基準を設定したうえで，許可申請書にお

いて副業・兼業の具体的な態様および範囲（就業時間の上限等）について申請させることとし，許可申請書に記載された態様および範囲に限って許可を行うとともに，実際の副業・兼業が許可された態様および範囲に収まっているか否かについて定期的に報告を行わせ，許可された態様および範囲を超えた副業・兼業の実態がある場合には許可自体を取り消しうるとすることにより，副業・兼業に対するコントロールを行っていくことを推奨しており，この点については，ガイドラインの改定後においても変わるところはない。

　次頁以降において，兼業・副業に関する「許可申請書」の様式例を示すので，参考にしていただきたい。

〔『労務事情』2021年2月1日号掲載分を一部修正〕

プロフィール--

小鍛治広道（こかじ・ひろみち）　早稲田大学法学部卒業。1998年弁護士登録（第50期）。第一芙蓉法律事務所入所。近時の著作として，『新型コロナウイルス影響下の人事労務対応Q&A』（編集代表），「2020年度版就業規則・諸規定等の策定・改定，運用のポイント1,2」（産労総合研究所『労務事情』2020年2月1日号および2月15日号）等。

第Ⅲ章[4]──新しい働き方の可能性と法的課題

副業・兼業許可申請書

○○株式会社　人事部長殿

　私は，就業規則第○○条の定めにより，下記のとおり副業・兼業の許可を申請します。

記

1．副業・兼業の内容
　　私が行う副業・兼業の内容は以下のとおりです。

就労形態	□　雇用 （雇用主の氏名・商号　　　：　　　　　　　　） （雇用主の住所・本店所在地：　　　　　　　　） □　個人事業主 □　その他（具体的に：　　　　　　　　　　　）
業務内容 （具体的・網羅的に）	
就労場所	
就労期間（※1）	年　　月　　日　　から　　年　　月　　日
就労日（※2）	□　毎週（　　　　）曜日（固定） □　毎週（　　　　）日以内 □　その他（具体的に：　　　　　　　　　）
就労時間帯（※2）	□　（始業　　：　）〜（終業　　：　） □　その他（具体的に：　　　　　　　　　）
週間最大就労時間	週（　　　　）時間以内
賃金・報酬見込み	月（　　　　）円　以内

（※1）許可申請は就労期間最長1年以内に限る（それ以上は再度許可申請のこと）
（※2）最大・最長の日数・時間を記入すること

2．誓約事項
　　貴社の許可を得て副業・兼業を行うに際しては，以下の事項をいずれも遵守します。
　（誓約事項に☑をすること）

□　前項に記載された範囲を超え，または前項の記載とは異なる副業・兼業を行いません。
□　貴社における就業時間中には副業・兼業を行いません。
□　貴社の保有・管理する施設・機器を用いて副業・兼業を行いません。

☐　貴社において知りえた貴社／貴社グループの営業上・技術上・事業運営上の情報（秘密情報に限りません）や，貴社／貴社グループおよびこれらの利害関係者（顧客・取引先等を含むがこれらに限定されない）に関する個人情報を用いた副業・兼業は行いません。

☐　貴社／貴社グループと競業する（またはそのおそれのある）副業・兼業は行いません。

☐　常に貴社業務を優先し，貴社に対する労務提供上支障のある（またはそのおそれのある）副業・兼業は行いません。

☐　貴社／貴社グループの名誉・信用その他事業運営上の利益を害する（またはそのおそれのある）副業・兼業は行いません。

☐　副業・兼業にかかる就労日・就労時間・業務内容等については，貴社指定の書式により毎週月曜日中に，前月曜日から日曜日までの実績を正確に報告するほか，貴社の求めがあればいつでも速やかに報告いたします。

☐　貴社が以下の事由により私に対する副業・兼業の許可を取り消し，許可に制限を加え，または副業・兼業の一時停止を命じた場合は，異議なくこれに従います。
　・私が本項における誓約事項に違反した（または違反するおそれがある）と貴社が判断したとき
　・私の健康管理上必要があると貴社が判断したとき
　・その他，貴社において必要と判断したとき

(☐　副業・兼業の形態が雇用形態の場合，貴社における実際の労働時間と副業・兼業における実際の労働時間を合算して1日8時間，1週40時間の範囲に収めるようにします)

(☐　副業・兼業の形態が非雇用形態の場合，貴社における実際の時間外・休日労働時間と副業・兼業における就労時間を合算して1カ月○○時間の範囲内に収めるようにします)

【管理モデルを導入する場合】

☐　副業・兼業の形態が雇用形態の場合，副業・兼業先企業から，以下の点について必ず了解を得ます。
　☐　副業・兼業先企業における就労は「管理モデル」により行われるものであること
　☐　副業・兼業先企業における1カ月の労働時間の上限は○○時間以内とし，これを遵守すること
　☐　副業・兼業先企業における労働について，すべて時間外労働割増賃金の支払対象とすること

　　　　　　　　　　　　　　　　　　　年　　月　　日
　　　　　　　　　　社員番号：＿＿＿＿＿＿＿＿＿＿
　　　　　　　　　　氏　　名：＿＿＿＿＿＿＿＿＿＿

（豆知識）その7　「同一労働同一賃金」をめぐる法改正②

　192頁で，パート労働者・有期雇用労働者に関する法成立そして改正の状況について，1993年から2014年までの20年間をみました。ここでは，2014年以降10年間の動きです。

　さて，2012年の労契法の改正を受け，「労契法20条裁判」が多数，提起され，2018年には最高裁判決が出されました（ハマキョウレックス事件，長澤運輸事件）。
　これらを反映した「同一労働同一賃金ガイドライン」（平成30年厚労告430号）も，厚労省が策定しています。

　2018年に成立した働き方改革関連法によって，パート労働法と労契法が改正されました。パート労働法がパート・有期法となり，8条と9条はパート労働者と有期雇用労働者が対象となりました。あわせて労契法20条が廃止され，パート・有期法8条が「均衡待遇」規定，9条が「均等待遇」規定となっています。

クラウドワーカー，フリーランスなどの 「雇用類似の働き方」をめぐる現状

元・労働基準監督官 栃木 敬

1 雇用類似の働き方をめぐる国の検討状況

2 個人事業主をめぐる国の検討状況

3 労働委員会の命令，裁判例の動向

4 日本の動向に影響を与えているアメリカ

（カリフォルニア州）の動き

【ダイジェスト】自営型テレワークやフリーランスといった「雇用類似の働き方」については、労働者としての保護を受けられる対象なのか、といった議論が続けられている。この間、労政審や厚労省の検討会が開催されているが、現状と諸課題を整理した段階にとどまっている。今後、企業としては、外部リソースとして業務委託等の発注先となる機会が増えることが想定されるため、法制度の動向を注意深くみていく必要がある。

近年，雇用型テレワークや副業・兼業といった柔軟な働き方が広がりをみせているが，一方では自営型テレワークやフリーランスといった，雇用関係によらない働き方も注目されている。また，それ以前から個人事業主による請負等の形態も普及していた。

このような「雇用」と「自営」の中間的な働き方は，「雇用類似の働き方」と呼ばれるが，法的な保護等のあり方に関する課題は多く，現在，国としても検討を進めている段階である。

今後，法制度の新たな仕組みが具体化されれば，企業の雇用施策の方向性にも大きな影響を及ぼすことが考えられる。そこで，ここでは，雇用類似の働き方，典型的には「個人事業主」をめぐる日本の政策動向を整理してみたい。

1　雇用類似の働き方をめぐる国の検討状況

まず，雇用類似の働き方を巡る日本の検討状況等をみてみよう。

(1)　労政審労働政策基本部会の報告書

厚労省労政審におかれている「労働政策基本部会」が，2019年9月11日に「報告書　～働く人がAI等の新技術を主体的に活かし，豊かな将来を実現するために～」（★10）を発表している。

この報告書では，「3．働く現場でAI等が適切に活用されるための課題」の「（3）円滑な労働移動の実現や新しい働き方への対応」において，「新技術の進展に伴うクラウドソーシングやシェアリングビジネス等における新しい働き方等の拡大を背景として，雇用類似の働き方に関する保護等の在り方については，その事業者としての側面や労働者との類似性等を踏まえながら，特に優先すべき検討課題について，スピード感をもってその検討を進めていくことが期待される」
としており，この報告書は同日，労政審の了承を得ている。

表1　雇用類似の働き方とは

・定義は定まっていない。
・外形的には「自営業者」「クラウドワーカー」「個人請負」「フリーランス」等だ
　が（雇用関係によらない働き方），実態は雇用労働者。

（注）『「雇用類似の働き方に関する検討会」報告書』（2018年3月）より抜粋

(2)　「雇用類似の働き方に関する検討会」と，その後の「雇用類似の働き方に係る論点整理等に関する検討会」の動向

　一方，2017年10月24日に，厚労省雇用環境・均等局に設置された「雇用類似の働き方に関する検討会」は，計4回にわたり検討を加えた結果，2018年3月30日に報告書（★11）を発表したが，その内容は，雇用類似の働き方に関する保護等のあり方，および今後の検討課題等についての提言を行うことにとどまっている。

　そして，その後，同年10月19日に，同局に設置された「雇用類似の働き方に係る論点整理等に関する検討会」では，2019年6月28日に「中間整理」（★12）を発表しており，その要点は，以下のとおりとなっている。

「働き方が多様化している経済実態を踏まえて，指揮命令を中心とした現在の労働者性が適当であるかを念頭に置いておくことは必要であり，継続して検討すべき課題である。もっとも，労働者性の見直しは，これまでの労働者性の判断基準を抜本的に再検討することとなるため，諸外国の例等を踏まえて幅広く検討を重ねていくことが必要な課題であることから，新たな判断基準について短期的に結論を得ることは困難と考えられる。このため，経済実態に適合した労働者性の在り方については継続的な検討課題としつつ，雇用類似の働き方に関する論点について対応の方向性をできる限り速やかに取りまとめる観点から，本検討会の中では，当面は，自営業者であって，労働者と類似した働き方をする者を中心に検討することが適当である」

その後，同検討会では，2020年2月14日に「雇用類似の働き方に関する関係団体からのヒアリング」を行って以降は，同年12月16日に検討会が開催されたのみである。

2　個人事業主をめぐる国の検討状況

1で触れた，厚労省雇用環境・均等局の「雇用類似の働き方に係る論点整理等に関する検討会」の「中間整理」では，「本検討会の中では，当面は，<u>自営業者であって，労働者と類似した働き方をする者を中心に検討することが適当である</u>」としているが，先に触れたとおり，同検討会においては，2020年2月14日以降は，同年12月16日に検討会が開催されたのみである。

次に，国土交通省においては，

「老後の生活や怪我時の保障など技能者に対する処遇改善の観点に加え，法定福利費を適正に負担する企業による公平・健全な競争環境の整備という観点から，平成24年度から本格的に社会保険加入対策を推進してきたところであり，近年では，企業単位・技能者単位ともに他業種とも遜色ない水準まで加入率が上昇しているなど，一定の効果を上げている。

一方で，社会保険加入対策を強化すればするほど，法定福利費等の諸経費の削減を意図して，技能者の個人事業主化（いわゆる一人親方化）が進んでいるという懸念も生じているところである。

国土交通省では従来から，ガイドライン等において，『事業主が労務関係諸経費の削減を意図して，これまで雇用関係にあった労働者を対象に個人事業主として請負契約を結ぶことは，たとえ請負契約の形式であっても実態が雇用労働者であれば，偽装請負として職業安定法等の労働関係法令に抵触するおそれがある』として指導を行ってきたところである。

しかしながら，社会保険加入対策の強化を始め，労働基準法令規制強化の影響もあり，業界関係者等からは，実態として規制逃れを目的とし

た一人親方化が進んでおり，早急に必要な対策を講ずるべきといった意見も多数寄せられているところである」
としたうえで，「建設業社会保険推進・処遇改善連絡協議会」の下に「建設業の一人親方問題に関する検討会」を2020年6月25日に新たに設置し，職種ごとの一人親方の実態把握，規制逃れを目的とした一人親方化対策，その他，一人親方の処遇改善対策等の諸課題について，実効性のある施策の検討・推進を図ることとしており，2020年度内には，中間とりまとめを行うことを予定している。

3　労働委員会の命令，裁判例の動向

　労働者性の判断については，労基法（労災保険法）と労組法では，定義規定の違いもあり，その内容は必ずしも一致しないが，これらの労働者性の判断を労働委員会の命令，裁判例でみると，以下のようになっている。
　まず，労働委員会の命令としては，東京都労働委員会のもの（東京都労委平成29年（不）第15号公文教育研究会不当労働行為審査事件）がある。この事案は，①教室指導者は，労組法上の労働者にあたるか否か，②教室指導者が労組法上の労働者にあたる場合，組合が2016年12月26日付けで申し入れた団体交渉に会社が応じなかったことは，正当な理由のない団体交渉拒否にあたるか否かが争われたものであるが，2019年5月28日の命令の内容は，「全部救済」となっている。
　次に，代表的な裁判例としては，次頁の2つのものがあげられる。

表2　代表的な裁判例

事件名	裁判所	判決日	争われた法律	判決概要
新国立劇場運営財団事件	最高裁	2011年4月12日	労働組合法	年間を通して多数のオペラ公演を主催する財団法人との間で期間を1年とする出演基本契約を締結したうえ，各公演ごとに個別公演出演契約を締結して公演に出演していた合唱団員は，上記法人との関係において労働組合法上の労働者にあたる。
NHK西東京営業センター（受信料集金等受託者）事件	東京高裁	2003年8月27日	労働基準法	業務遂行の具体的方法が受託者の自由裁量に委ねられていること，兼業や再委託が自由であり，労働時間，就業場所，就業方法等が定められている労働契約とはおよそ異質であること，報酬が出来高払い方式であり受託業務の対価とみるのが相当であることなどから，本件委託契約について使用従属関係を認めることは困難である。

4　日本の動向に影響を与えているアメリカ（カリフォルニア州）の動き

　なお，1の「中間整理」にもあるとおり，本件は「諸外国の例等を踏まえて幅広く検討を重ねていくことが必要な課題である」ことから，アメリカ（カリフォルニア州）の動向に触れることとしたい。

　すでにカリフォルニア州では，「独立請負業者の労働者性の判断の要件を緩和する労働法典等の改正法」，通称「ギグ法」（議案No.5「労働者の地位：従業員と独立請負業者」）が，2019年9月18日に州知事により公布され，原則として2020年1月1日から施行されている。

　その後，州とUber（ウーバー），Lyft（リフト），Doordash（ドアダッシュ），Postmates（ポストメイト）をはじめとするカリフォルニア州のギグエコノミーの企業は，この法律の適用について，ことごとく争っていた。

　ところが，上記のカリフォルニア州のギグエコノミーの企業が支持した発案である「Proposition 22」（ギグワーカーを従業員の扱いから除外す

表3　「Proposition22」にかかわる住民投票の投票結果

提案タイトル	賛成	反対
アプリベースのドライバーと従業員の福利厚生	9,957,858 58.63%	7,027,467 41.37%

る旨の提議）が，同年11月３日に行われた住民投票により，賛成多数で可決され，今後は，ギグワーカーは独立した請負業者として扱うことを，カリフォルニア州の有権者は承認したことになった。

　なお，カリフォルニア州務長官局の発表（2020年12月５日午前）によると，投票の結果は，**表3**のとおりとなっており，2020年12月11日までに認定を受ける予定となっている。

　以上のとおり，政府は早期の検討を求めているが，厚労省での検討では，「労働者性の判断基準を抜本的に再検討することとなる」ことと，「諸外国の例等を踏まえて幅広く検討する」ことを主な理由として，早期に結論を得ることは困難であるとしている。また，国土交通省の検討は，検討対象が限られており，報告も「中間とりまとめ」との位置づけであり，早期に結論を得ることは期待できない。さらに，カリフォルニア州の動向の影響も考えられることから，日本における政策の混迷はしばらく続きそうである。

プロフィール--

栃木　敬（とちぎ・けい）　東京都立大学（現首都大学東京）卒。1976年４月労働省（現厚生労働省）に労働基準監督官として入省。本省，各地の労働基準監督署に勤務。2007年３月大分労働局長を最後に厚生労働省退官。

第Ⅲ章[4]──新しい働き方の可能性と法的課題

MEMO

法制化されたパワハラ対策

1 パワハラ対策の法制化と企業に求められる実務対応

寺前総合法律事務所　弁護士　**岡崎　教行**

1　パワハラ対策の法制化とは

2　必要となる就業規則の規定は

3　他のハラスメント対策との関係は

【ダイジェスト】2020年6月1日に、パワハラ防止法が施行され、初めてパワハラの定義が法令上に規定されることになった。さらに、企業にはパワハラの防止措置を講じることが義務づけられるとともに、パワハラの相談を行ったり、パワハラ対応時に協力して事実を述べたことに対する不利益取扱いが禁止された。パワハラ防止措置の1つとして、就業規則にはパワハラに該当する行為、パワハラを行った場合に懲戒処分の対象となる旨を規定しておく必要がある。

1　パワハラ対策の法制化とは

　2019年 5 月29日，「女性の職業生活における活躍の推進に関する法律等の一部を改正する法律」が可決・成立した。そのうち，労働施策総合推進法の改正により，パワーハラスメント（以下，パワハラ）対策が法制化された。

　同法30条の 2 が，パワハラ防止措置義務を定めたものであり，30条の 3 が，パワハラに関する国，事業主および労働者の義務であり，30条の 4 以下が，パワハラに関する紛争が生じた場合の解決の手続き等を定めている。

パワハラの定義

　同法30条の 2 が，パワハラについて，「<u>職場において行われる優越的な関係を背景とした言動であって，業務上必要かつ相当な範囲を超えたもの</u>」と定義している。パワハラの定義は，今般の改正によって，初めて法文化された。

◎「労働施策の総合的な推進並びに労働者の雇用の安定及び職業生活の充実等に関する法律」（労働施策総合推進法）
第 8 章　職場における優越的な関係を背景とした言動に起因する問題に関して事業主の講ずべき措置等

（雇用管理上の措置等）
第30の 2 　事業主は，職場において行われる優越的な関係を背景とした言動であつて，業務上必要かつ相当な範囲を超えたものによりその雇用する労働者の就業環境が害されることのないよう，当該労働者からの相談に応じ，適切に対応するために必要な体制の整備その他の雇用管理上必要な措置を講じなければならない。
2 　事業主は，労働者が前項の相談を行つたこと又は事業主による当該相談への対応に協力した際に事実を述べたことを理由として，当該労働者に対して解雇その他不利益な取扱いをしてはならない。
3 ～ 6 （略）

　それまで，パワハラをどのように定義づけるのかという点はいろいろと議論がなされており，識者によって定義が異なっているという状況が続

き，ようやく，厚労省が設置した「職場のいじめ・嫌がらせ問題に関する円卓会議ワーキング・グループ」が，2012年1月に公表した報告書で，パワハラを「同じ職場で働く者に対して，職務上の地位や人間関係などの職場内の優位性を背景に，業務の適正な範囲を超えて，精神的・身体的苦痛を与える又は職場環境を悪化させる行為をいう」と定義づけることを提案し，その後の厚労省の通達では，この定義が使われてきた（平24.9.10地発0910第5号・基発0910第3号・平28.4.1地発0401第5号・基発0401第73号など）。

　その後，2018年3月30日付け「職場のパワーハラスメント防止対策についての検討会報告書」（★7）では，パワハラを「①優越的な関係に基づいて（優位性を背景に）行われること」「②業務の適正な範囲を超えて行われること」「③身体的若しくは精神的な苦痛を与えること，又は就業環境を害すること」の「要素のいずれも満たすもの」と定義づけた。

　そして，今般の法改正により，パワハラの定義が法律に定められるに至った。

パワハラ防止措置義務

　同法30条の2第1項は，パワハラ「によりその雇用する労働者の就業環境が害されることのないよう，当該労働者からの相談に応じ，適切に対応するために必要な体制の整備その他の雇用管理上必要な措置を講じなければならない」と定め，事業主に対して，雇用管理上の措置を講ずることを義務づけた。

　この防止措置義務の規定の仕方は，セクシュアルハラスメント（以下，セクハラ）に対する防止措置義務，マタニティハラスメント（以下，マタハラ）に対する防止措置義務（男女雇用機会均等法，育児・介護休業法）と同様である。

　具体的には，事業主の方針の明確化およびその周知・啓発，相談（苦情を含む）に応じ適切に対応するために必要な体制の整備，職場におけるハラスメントへの事後の迅速かつ適切な対応，あわせて講ずべき措置（プライバシー保護など）である。

不利益取扱いの禁止

　同法30条の2第2項は，労働者がパワハラの相談を行ったこと，パワハラの相談への対応に協力した際に事実を述べたことを理由として，解雇その他不利益な取扱いをしてはならないとした。

　これは，不利益な取扱いを禁止することによって，パワハラの隠ぺい等を防止するためのものである。

指針の策定

　同法30条の2第3項は，パワハラの防止措置義務等に関して，必要な指針を定めるとしている。そして，第4項が，指針を定めるにあたっては，あらかじめ，労政審の意見を聴くものとし，第5項が，指針を定めた場合には遅滞なく公表するとし，第6項が，指針を変更する場合には，あらためて労政審の意見を聴き，変更した場合には遅滞なく公表することを定めている。

　そして，2020年1月15日，「事業主が職場における優越的な関係を背景とした言動に起因する問題に関して雇用管理上講ずべき措置等についての指針」（令2.1.15厚労告5号）（★8）を公表している。

　同指針では，職場におけるパワハラの内容について，具体例も交えて，どういった言動がパワハラに該当するのかを明らかにし，また，事業主として，パワハラを防止するために雇用管理上，何を行わなければならないのかも明らかにしている。

　また，特筆すべきは，「事業者が自ら雇用する労働者以外の者に対する言動に関し行うことが望ましい取組の内容」および「事業主が他の事業主の雇用する労働者等からのパワハラや顧客等からの著しい迷惑行為に関し行うことが望ましい取組の内容」についても，公表している点である。もはや，パワハラは自社内だけの問題ではないという前提に立つ必要があるだろう。

国，事業主および労働者の責務

　同法30条の３は，パワハラについて，国は，事業主その他国民一般の関心と理解を深めるため，広報活動，啓発活動その他の措置を講ずるように努める必要があると定め（１項），事業主は，パワハラについて，研修の実施その他の必要な配慮をするほか，国の講ずる措置に協力するよう努めなければならないこと，事業主自らもパワハラについて，関心と理解を深め，労働者に対する言動に必要な注意を払うよう努める必要があると定め（２項，３項），労働者は，パワハラについて，関心と理解を深め，他の労働者に対する言動に必要な注意を払うとともに，事業主の講ずるパワハラ防止措置に協力するよう努める必要があると定めている（４項）。

◎労働施策総合推進法

（国，事業主及び労働者の責務）
第30条の３　国は，労働者の就業環境を害する前条第一項に規定する言動を行つてはならないことその他当該言動に起因する問題（以下この条において「優越的言動問題」という。）に対する事業主その他国民一般の関心と理解を深めるため，広報活動，啓発活動その他の措置を講ずるように努めなければならない。
２　事業主は，優越的言動問題に対するその雇用する労働者の関心と理解を深めるとともに，当該労働者が他の労働者に対する言動に必要な注意を払うよう，研修の実施その他の必要な配慮をするほか，国の講ずる前項の措置に協力するように努めなければならない。
３　事業主（その者が法人である場合にあつては，その役員）は，自らも，優越的言動問題に対する関心と理解を深め，労働者に対する言動に必要な注意を払うように努めなければならない。
４　労働者は，優越的言動問題に対する関心と理解を深め，他の労働者に対する言動に必要な注意を払うとともに，事業主の講ずる前条第一項の措置に協力するように努めなければならない。

紛争の解決

　これまで，パワハラが生じた場合の紛争解決手段としては，都道府県労働局のあっせん，民事訴訟，企業内における懲戒処分，労災申請などであったが，今回の改正により，都道府県労働局長が，パワハラについても，紛争の解決の援助のために，必要な助言，指導または勧告をすることができ

るようになった。また，その勧告に従わない事業主に対しては，その旨を公表することもできることになった（30条の5，33条2項）。

　また，パワハラが生じた場合の紛争解決手段として，男女雇用機会均等法の調停の制度が準用されることになり，都道府県労働局の所管する紛争調整委員会が調停を図ることができることとされた（30条の6〜30条の8）。

　なお，厚生労働大臣は，事業主に対して，パワハラ防止措置に関し，その実施状況などの報告を事業主に求めることができることとなり，それに対して，報告せず，または虚偽の報告をした場合には，20万円以下の過料の制裁が科されることになっている（36条，41条）。

施行時期

　パワハラに関する規定については，2020年6月1日から施行されており，パワハラ防止措置義務については，中小企業は2022年3月31日までは努力義務とされている。

2　必要となる就業規則の規定は

　パワハラ防止措置の1つとして，**就業規則にパワハラを定める場合には，何がパワハラになるのかという点，それから，パワハラを行った場合には懲戒処分の対象となる旨を，少なくとも明記しておく必要がある。**

　パワハラを行った場合の懲戒について，パワハラの類型を規定し，類型ごとにけん責であったり，減給であったり，出勤停止であったりと懲戒処分と結び付けて記載をする例がまれにみられるが，懲戒処分にあたっては，パワハラに至った経緯，動機，頻度等，諸般の事情を考慮して量定を決定することが多いので，懲戒処分を行うとだけ記載しておいたほうが使いやすいかと思われる。

　以下に，パワハラに関する規定の一例を掲げる。

（パワーハラスメントの禁止）

第○条　従業員は，職務上の地位や人間関係などの職場内の優位性を背景に，業務の適正な範囲を超えて，精神的・身体的苦痛を与えるまたは職場環境を悪化させる次の行為をしてはならない。

①　暴行，暴言，脅迫，名誉を毀損する行為

②　業務に必要のないことを命令したり，明らかに遂行不可能なことを命令する行為

③　業務上の合理性なく，能力や経験とかけ離れた程度の低い仕事を命じることや仕事を与えないこと

④　私的なことに過度に立ち入ること

⑤　その他前各号に準じる言動をすること

2　前項に掲げる行為をした従業員に対しては，第○条の定めるところにより，懲戒処分を行う。

　また，以下にセクハラおよびマタハラ等に関する規程の一例を掲げる。特に，マタハラについては，妊娠・出産等に関するハラスメント，育児休業等に関するハラスメントだけでなく，介護休業等に関するハラスメントも防止措置義務の対象となっていることから，「マタニティハラスメント等」として，そこに介護休業等に関するハラスメントも盛り込んでいる。

（セクシュアルハラスメントの禁止）

第○条　従業員は，他の従業員の性的志向又は性自認に関わらず，他の従業員に対して，次の行為をしてはならない。

①　性的な事実関係を質問すること

②　必要なく身体に触ること

③　性的な内容の情報を意図的に流布すること

④　容姿あるいは身体的な特徴に関する発言や質問をすること

⑤　職務上の地位を利用して，交際や性的な関係を強要すること

⑥　性的志向又は性自認についての侮辱的言動，差別的言動を行うこと

表　職場における

1　定義

職場におけるパワーハラスメント	職場におけるセクシュアルハラスメント
職場において行われる優越的な関係を背景とした言動であって，業務上必要かつ相当な範囲を超えたもの	職場において行われる性的な言動に対するその雇用する労働者の対応により当該労働者がその労働条件につき，不利益を受け，又は当該性的な言動により当該労働者の就業環境が害されること

2　行為の態様

職場におけるパワーハラスメント	職場におけるセクシュアルハラスメント
職場のパワーハラスメントの行為類型としては，以下のものが挙げられる。ただし，これらは職場のパワーハラスメントに当たりうる行為のすべてを網羅するものではなく，これ以外の行為は問題ないということではないことに留意する必要がある ○　身体的な攻撃（暴行・傷害） ○　精神的な攻撃（脅迫・暴言等） ○　人間関係からの切り離し（隔離・仲間外し・無視） ○　過大な要求（業務上明らかに不要なことや遂行不可能なことの強制，仕事の妨害）	○　対価型セクシュアルハラスメント 職場において行われる労働者の意に反する性的な言動に対する労働者の対応により，当該労働者が解雇，降格，減給等の不利益を受けること ①事務所内において事業主が労働者に対して性的な関係を要求したが，拒否されたため，当該労働者を解雇 ②出張中の車中において上司が労働者の腰，胸等に触ったが，抵抗されたため，当該労働者について不利益な配置転換をする ③営業所内において事業主が日頃から労働者に係る性的な事柄について公然と発言していたが，抗議されたため，当該労働者を降格

職場におけるパワーハラスメント	職場におけるセクシュアルハラスメント
○　過小な要求（業務上の合理性なく，能力や経験とかけ離れた程度の低い仕事を命じることや仕事を与えないこと） ○　個の侵害（私的なことに過度に立ち入ること）」	○　環境型セクシュアルハラスメント 職場において行われる労働者の意に反する性的な言動により労働者の就業環境が不快なものとなったため，能力の発揮に重大な悪影響が生じる等当該労働者が就業する上で看過できない程度の支障が生じること ①事務所内において上司が労働者の腰，胸等に度々触ったため，当該労働者が苦痛に感じてその就業意欲が低下 ②同僚が取引先において労働者に係る性的な内容の情報を意図的かつ継続的に流布したため，当該労働者が苦痛に感じて仕事が手につかない ③労働者が抗議をしているにもかかわらず，事務所内にヌードポスターを掲示しているため，当該労働者が苦痛に感じて業務に専念できない

3　行為者

職場におけるパワーハラスメント	職場におけるセクシュアルハラスメント
事業主，上司，同僚	事業主，上司，同僚に限らず，顧客，取引先，患者，生徒等も行為者になり得る

4　職場の範囲

職場におけるパワーハラスメント	職場におけるセクシュアルハラスメント
今後の指針による	事業主が雇用する労働者が業務を遂行する場所であれば「職場」に含まれる

ハラスメントの類型

職場における妊娠・出産等に関するハラスメント	職場における育児休業等に関するハラスメント
職場において行われるその雇用する女性労働者に対する当該女性労働者が妊娠したこと，出産したこと，妊娠又は出産に関する事由であって厚生労働省令で定めるものに関する言動により当該女性労働者の就業環境が害されること	職場において行われるその雇用する労働者に対する育児休業，介護休業その他の子の養育又は家族の介護に関する厚生労働省令で定める制度又は措置の利用に関する言動により当該労働者の就業環境が害されること

職場における妊娠・出産等に関するハラスメント	職場における育児休業等に関するハラスメント
○　制度等の利用への嫌がらせ型 その雇用する女性労働者の労働基準法（昭和22年法律第49号）第65条第1項の規定による休業その他の妊娠又は出産に関する制度又は措置の利用に関する言動により就業環境が害されるもの ①制度等の利用の請求や利用等にあたって，上司が解雇その他不利益な取扱いを示唆 ②制度等の利用の請求等又は制度等の利用を上司や同僚が阻害 ③制度等の利用をしたことにより，上司又は同僚が当該女性労働者に対し，繰り返し又は継続的に嫌がらせ等をする	○　上司又は同僚から行われる，その雇用する労働者に対する制度等の利用に関する言動により就業環境が害されるもの ①解雇その他不利益な取扱いを示唆 ②制度等の利用の請求等又は制度等の利用を阻害 ③制度等を利用したことにより嫌がらせ等をする なお，業務分担や安全配慮等の観点から，客観的にみて，業務上の必要性に基づく言動によるものについては，職場における育児休業等に関するハラスメントには該当しない
職場における妊娠・出産等に関するハラスメント	**職場における育児休業等に関するハラスメント**
○　状態への嫌がらせ型 その雇用する女性労働者が妊娠したこと，出産したことその他の妊娠又は出産に関する言動により就業環境が害されるもの ①女性労働者が妊娠等したことにより，上司が当該女性労働者に対し，解雇その他不利益な取扱いを示唆 ②女性労働者が妊娠等したことにより，上司又は同僚が当該女性労働者に対し，繰り返し又は継続的に嫌がらせ等をする なお，業務分担や安全配慮等の観点から，客観的にみて，業務上の必要性に基づく言動によるものについては，職場における妊娠，出産等に関するハラスメントには該当しない	

職場における妊娠・出産等に関するハラスメント	職場における育児休業等に関するハラスメント
上司，同僚	上司，同僚

職場における妊娠・出産等に関するハラスメント	職場における育児休業等に関するハラスメント
指し，労働者が通常就業している場所以外の場所であっても，労働者が業務を遂行する場所で	

⑦　その他前各号に準じる性的な言動をすること

2　前項に掲げる行為をした従業員に対しては，第○条の定めるところにより，懲戒処分を行う。

（マタニティハラスメント等の禁止）

第○条　従業員は，次の行為をしてはならない。

①　女性従業員による産前産後休業その他の妊娠又は出産に関する制度又は措置の利用に関して就業環境を害する言動

②　女性労働者が妊娠したこと，出産したことその他の妊娠又は出産に関して就業環境を害する言動

③　育児休業その他の育児に関する制度又は措置の利用に関して就業環境を害する言動

④　介護休業その他の介護に関する制度または措置の利用に関して就業環境を害する言動

2　前項に掲げる行為をした従業員に対しては，第○条の定めるところにより，懲戒処分を行う。

3　他のハラスメント対策との関係は

　今回のパワハラ防止措置の義務化に伴い，セクハラ，マタハラ，パワハラが法律上，明記されることになったわけだが，それぞれの定義，行為類型等を比較して整理したものが，前頁の表である。

プロフィール --

岡崎教行（おかざき・のりゆき）　2000年法政大学卒業，2002年法政大学大学院卒業。2003年弁護士登録。経営法曹会議会員。2015年中小企業診断士試験合格，2017年中小企業診断士登録。著書に『Q&Aとストーリーで学ぶコロナ恐慌後も生き残るための労働条件変更，人員整理の実務』（共著）他。

どう変わる?! 新卒採用

① 2020 年の新卒採用活動の振り返りと 2021 年の課題

文化放送キャリアパートナーズ就職情報研究所　主任研究員　**平野　恵子**

【ダイジェスト】22 年卒採用は、2020 年夏のインターンシップから 3 月までの早期選考が始まっている。今後は買い手市場がさらに進み、オンライン採用が学生の大手志向に拍車をかける。企業の側は、例年以上に慎重な内定出しとなるだろう。対面とオンラインのハイブリッド採用の準備とともに長期戦の想定が必要となるが、録音・録画が可能なオンライン採用では、面接官のトレーニングも重要だ。

　新卒採用は大きな変化の入口に立っている。その背景には，一括採用に象徴される日本的雇用慣行からの脱却，DX（デジタルトランスフォーメーション）人材をはじめとする求人ニーズの変移，新型コロナをきっかけに拡大した採用のオンライン化など，いくつかの要因がある。

　いまはまだ変化の途中にあることを踏まえながら，2020年（21年卒）採用を振り返り，2021年（22年卒）の予想とアドバイスをお伝えしたい。

1　2020年（21年卒）採用の振り返り

　21年卒採用を3つのトピックスで振り返る。

　まず1つ目は，政府主導の就活ルールが初年度から形骸化したこと。 20年卒採用までは，経団連による「採用選考に関する指針」が採用スケジュールの基準となっていた。それが廃止となり，政府主導の就活ルールが策定。21年卒採用が適用の初年度だった。3月広報開始，6月選考開始という日程は，以前から形骸化が進んでいたが，当事者である企業がかかわらなくなったことで，ルール軽視はさらに進んだ。各社の学生調査では，広報開始の3月時点で内定率が2割前後となるなど，前年よりも大幅な早期化となった。政府主導の就活ルールは，初年度から"1つの目安"というポジションに落ち着いた。

　2つ目は，売り手から買い手への採用市場の変化。 この数年間，採用市場を売り手（学生優位）と認識する企業がほとんどだったが，東京オリンピック・パラリンピック後の景気不安を反映して，市場の潮目は変わりつつあった。市場認識について尋ねた企業アンケートでは，買い手（企業優位）を認識する企業が，20年卒で数パーセント発生していた。そこにコロナ禍が加わり，潮目が一気に変わる。企業の売り手認識は3割を切り，買い手認識（買い手＋買い手に移行）は約45％まで拡大した（図1）。求人倍率でも，同様の傾向がみられる。21年卒の求人倍率は，新型コロナの影響がない2月時点で1.72倍と，すでに前年（1.83倍）よりも数字を落としていた（リクルートワークス研究所「ワークス大卒求人倍率調査」）。6月

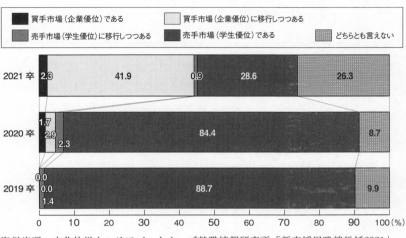

図1　新卒採用市場の認識変化

凡例：
■ 買手市場（企業優位）である　　□ 買手市場（企業優位）に移行しつつある
■ 売手市場（学生優位）に移行しつつある　■ 売手市場（学生優位）である　　░ どちらとも言えない

2021卒：2.3　41.9　0.9　28.6　26.3
2020卒：1.7　2.9　2.3　84.4　8.7
2019卒：0.0　0.0　1.4　88.7　9.9

資料出所：文化放送キャリアパートナーズ就職情報研究所「新卒採用戦線総括2021」

調査では，そこからさらに数字を落とし，1.53倍となった。もともとの潮目の変化が，新型コロナで一気に加速したといえる。

　最後はオンライン採用の拡大だ。対面接触が制限されたことで，多くの企業はオンライン採用への対応を余儀なくされた。経団連「新卒採用活動に関するアンケート調査」では，6割以上の企業が最終面接を含めて，すべてオンラインで選考を行ったと回答した。一方で，オンライン化が進まなかった企業もある。マイナビ「2020年度新卒採用就職戦線総括」をみると，従業員規模300人未満の企業では，6割以上がオンライン選考は0（ゼロ）割と答えている。大都市圏と地方でも，同様の違いがみられる。オンライン採用の導入はまだら模様に進み，採用力の違いにつながっていった。

2　入社後の育成課題

　21年卒の内定者は，例年と比べて社員との交流が少ない。必要最小限の対面で選考が進められただけでなく，内定者懇親会などもほとんど行われなかった。そのため，リアリティショック（入社前の理想と現実のギャップ）を受けやすく，**組織社会化（組織や仕事，社員になじむための適応プロセス）が進みにくいと予想**される。

　より円滑に組織社会化を進めるためには，「会社全体で従業員を育てる雰囲気」や「明確な指示のもと，簡単な業務から徐々に難しい業務へと段階的に支援していく」など，職場のコミュニティー機能の発揮が有用とされる（労働政策研究・研修機構「若年者の能力開発と職場への定着に関する調査」）。対面中心の職場では，例年以上に丁寧な指示や支援を心がけ，周囲から定期的に声がけすることが大切だろう。リモートワーク中心の職場では，意図的に交流の場をデザインする必要がありそうだ。組織社会化には「大切にされている」「十分なサポートを得ている」といった情緒的要素も大きい。こうした心情的な満足をリモートワークで得るには仕組みが必要だろう。社内SNSツールなどを活用して，組織メンバーとして受け入れられている感覚を持ってもらうことが大切だ。「気軽に連絡して！」ではなく，上司や先輩社員から声がけするプッシュ型コミュニケーションを，入社後しばらくは心掛けてほしい。

3　2021年（22年卒）採用の動向と予測

(1)　採用スケジュール

　まずは，全体スケジュールを押さえておきたい（図2）。2020年夏のインターンシップを皮切りに，22年卒採用はすでにスタートしている。政府主導の就活ルールは前述したように形骸化が進み，採用活動のギアを一段上げる目安でしかない。3月より前のプレ期が，採用広報の主戦場となっ

図2　採用スケジュール

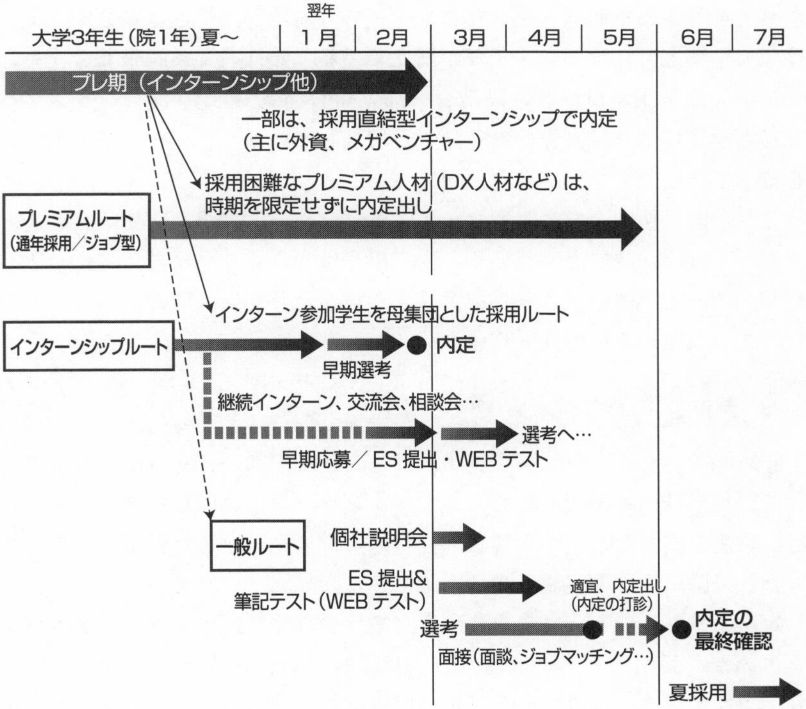

ている。

　一部の企業では，採用直結型のインターンシップを実施し，そのまま内定出しを行っている。また，グローバルマーケットでなければ採用が困難なプレミアム人材…たとえば，デジタルトランスフォーメーション（DX）の推進を担う人材などは，時期を限定せずに選考を進めている。「通年採用」や「ジョブ型」など，従来とは異なる新卒採用がメディアで取り上げられるが，このプレミアムルートを指していることが多い。**採用直結型もプレミアムルートも，広く一般の学生を対象としたものではなく，限定的な採用といえる。**

　インターンシップルートは，一般の学生を対象にした早期選考となっている。インターンシップや1Dayセミナーなど，採用広報を通して接触した学生を対象に，3月より前に選考および内定出しを行う。接触した学生すべてを対象に早期選考をおこなうケースもあるが，最近は優先順位をつけて，早期選考に呼ぶスタイルが増えている。弊社の企業調査でも「インターン参加学生全員に選考段階を一部免除」は減少し，「優秀なインターン参加学生は選考段階を一部免除」が増加している。ターゲット学生に的を絞って早期選考を行う企業が増えている。

　3月以降は個別企業の説明会，エントリーシート提出，Web筆記テストなどが，ほぼ同時に進んでいく。内定出しは4月ぐらいから活発化しそうだが，政府主導の就活ルールを意識する大手企業では，明確な内定出しを6月まで引っ張る可能性も高い。

(2) インターンシップ動向

　昨夏のインターンシップ実施状況では，減少傾向が目立った。新型コロナで21年卒採用が手間取ったことや，オンラインに対応したプログラム設計に時間を要したことが影響し，9月以降にスタートした企業が少なくない。秋以降，徐々に実施企業は増えている。

　対面インターンシップを実施する企業は少数派で，オンラインが多数派を占めた。長期インターン（5日間以上）は負荷が大きく減少傾向にあり，短期インターン（2〜3日）は同程度。1日および半日プログラムが

増えている。オンライン化で期間が短縮したため，職業体験よりも，会社説明やグループワーク中心のプログラムが多かった。

　学生のインターンシップ参加率は一貫して上昇していたが，22年卒ではブレーキがかかっている。2020年の弊社学生アンケートでは，前年より5〜6ポイント低い状況で推移した。実施企業が減ったことや，受入れ人数を制限したことなどが影響したのだろう。また，学生の動き出しが部分的に遅くなっていることも要因と考えられる。採用環境の悪化から，学生の危機感は高まっているが，大学生活がオンライン化したことで，周囲の様子がみえにくい。キャンパスにいれば，リクルートスーツが目立ち始めるなど，就職意識は自然と高まり，伝播していく。そうやって多くの学生は乗り遅れることなく，就職活動に入っていけた。しかし，オンライン生活では周囲からの刺激を得にくく，就職活動に入るきっかけも少ない。例年よりも就活準備が進んでいない学生層が増えていると感じる。一方で，例年以上に積極的に動いている学生もいる。**互いの状況がみえにくいため，就職活動の進捗状況は，人により大きな違いが生じている。**

⑶　今後の選考予測

　今後の動向予測として，いくつか考えをまとめておく。

○買い手市場がさらに進む

　新卒採用は一定人数を安定的に採用する企業が多い。企業規模が大きいほど，この傾向は強い。とはいえ，航空や旅行のように，かつてないほど深刻な影響を受けている業界も少なくない。「ワークス採用見通し調査」（2020年12月調査）では，22年卒の採用見通しは「変わらない」が45.0％で，「増える－減る」は▲3.9ポイントとなった。また，「わからない」が前年より6.4ポイント増の26.1％となっている。この状況を踏まえれば，求人倍率は21年卒の1.53倍（同6月調査）より，一段下がった数字になりそうだ。買い手市場が強まると，採用計画は必達目標ではなく，採用可能な上限人数という意味合いが色濃くなる。内定ラインぎりぎりの評価では「採らない」など，ボーダーライン上の判断がシビアになるだろう。また，

大手企業は中途採用の比重を高める動きが活発だ。新卒採用の厳選化はさらに強まる。中小企業にとっては，良い人材を獲得するチャンスといえる。

○大手企業へのエントリー集中

学生の大手志向が強まる傾向にある。弊社学生アンケート（2020年12月調査）では「大手＋できれば大手」が前年同比2.3ポイント増の55.6％となった。厳しい環境下だからこそ，より安定した雇用を求めていることがわかる。

オンライン採用の拡大が，大手志向に拍車をかける。主要企業を対象にした21年卒調査では，説明会の実施回数が「昨年より減少」したにもかかわらず，参加人数は「昨年よりも増加」している（図3）。

対面の説明会では，参加人数に物理的な制限がある。しかし，オンライン説明会では制限が緩いため，大規模説明会が容易に実施できる。説明会に参加した学生が増えたことで，エントリー人数も増加している。22年卒でも同様の動きが考えられる。

○例年以上に慎重な内定出し

新型コロナの影響を，現時点で読み切ることは難しい。4社に1社が採用見通しを「わからない」と回答している状況からみても，業績状況によって慎重に選考を進めそうだ。

対面面接では，会場や面接官の日程調整をスムーズにするため，同時期に集中して選考することが多かった。しかし，オンライン面接では柔軟に調整できるため，小規模かつスピーディーな選考が可能になる。ターゲット人材である可能性が高い属性（大学名，専攻など）の学生から優先的に選考を進め積上げ式に内定出しをすれば，業績状況をみながら，内定人数を調整しやすい。例年以上に慎重な内定出しとなるだろう。

(4) 選考時の留意点

22年卒採用において，検討してほしい事項をお伝えする。

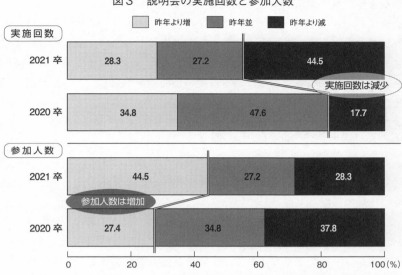

図3　説明会の実施回数と参加人数

資料出所：文化放送キャリアパートナーズ就職情報研究所「新卒採用戦線総括2021」

○フレキシブルに対応できるハイブリッド採用

　22年卒採用も，新型コロナの影響を大きく受けるだろう。東京オリンピック・パラリンピックという不確定要素もある。先が読めない事態に対応しながら，対面をオンラインに，オンラインを対面に変えるなど，柔軟な運用が求められる。採用活動を止めることなく，ねらったタイミングで選考を進めるには，説明会から最終面接まで，対面とオンラインの両方で対応可能なハイブリッド採用が望ましい。両方の事前準備を整えておくことで，切替えのスムーズさに違いが出る。

○長期戦に備えた採用活動

　オンライン就活によって，学生は遠隔地にある企業に応募することも容易になった。厳しい採用環境を反映して，活動量（エントリー社数など）も増加することが予想される。エントリー学生の質も量もアップすること

が考えられる。一見歓迎すべきことのように感じるが，学生1人あたりの応募社数がアップしているだけなので，内定承諾までの道のりは逆に長い。大手を中心に，五月雨式の慎重な内定出しとなれば，重複内定による辞退の可能性も長引く。企業も学生も収まるところに収まるまでに，時間を要することになるだろう。ある程度の長期戦を予想して，採用計画を考えたほうがよさそうだ。

○面接官トレーニングの必要性

オンライン上のやり取りは，録音や録画が簡単に行える。オンライン面接でもそれは同様だ。就職活動中に不快体験をした学生の約6割が「面接時の社員の態度」と回答している。

22年卒生の間では，SNSを積極的に利用した「SNS就活」が広がっているため，拡散リスクも高まっている。不適切な態度や質問をしないよう，事前のトレーニングやガイドラインの徹底が必要だろう。

4　これからの新卒採用

2021年夏には23年卒向けのインターンシップが動き出す。2020年のオンラインインターンシップの実施経験を活かし，早期から動き出す企業もあるだろう。しかし，実施後の長期間にわたる学生フォローを続けられる企業は多くない。インターンシップのボリュームゾーンは，秋以降になるだろう。感染状況によっては，対面プログラムの実施も考えられる。インターンシップでは，オンラインよりも対面のほうが満足度は高い。選択できるのであれば，対面をお勧めする。

少し長期的な視野で，新卒採用の今後を考えたい。日本的雇用慣行を象徴する一括採用は，変えるべきものとして話題に上ることが多い。しかし，弊社企業アンケートで「3年後の新卒採用予測」を尋ねたところ，「一括採用」を支持する企業は前年よりも増えている（図4）。「メインは一括採用，サブ通年採用」が最も多く6割強となった。DX人材のように時期を

図4　3年後の新卒採用予測

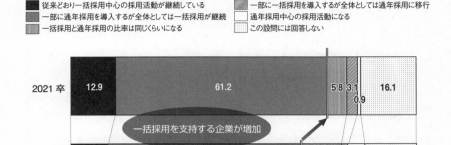

■ 従来どおり一括採用中心の採用活動が継続している　　▨ 一部に一括採用を導入するが全体としては通年採用に移行
▨ 一部に通年採用を導入するが全体としては一括採用が継続　□ 通年採用中心の採用活動になる
▥ 一括採用と通年採用の比率は同じくらいになる　　　　▦ この設問には回答しない

2021 卒　12.9　61.2　5.8　3.1　0.9　16.1

一括採用を支持する企業が増加

2020 卒　10.6　56.1　11.7　1.7　5.0　15.0

0　20　40　60　80　100（%）

資料出所：文化放送キャリアパートナーズ就職情報研究所「新卒採用戦線総括2021」

限定せずに採用できるように，**サブ的に通年採用を導入し，メインは一括採用というスタイルが定着しそうだ。採用手法の多様化も目立つ。**大手就職ナビやターゲット別就職ナビ（理系向け，体育会向け，外資専門…など）だけでなく，逆求人サイト，新卒紹介，マッチングイベント，インターンシップナビなど，新卒採用に特化したサービスは百花繚乱といえる。冒頭で述べたように，いまは大きな変化の入り口にある。どのような人材を採用するために，どのタイミングで，どんな手法を用い，新卒採用を進めるのか。**自社の新卒採用を一から見直す好機**となりそうだ。

プロフィール---

平野恵子（ひらの・けいこ）　　文化放送キャリアパートナーズ入社後，2008年研究員，2016年より現職。キャリアコンサルタント（CCE,Inc.認定GCDF-Japan）。北星学園大学，札幌学院大学の非常勤講師等。

（豆知識）その8　労働法の改正と「束ね法案」

　国会では労働法の改正が相次いでいますが，最近の傾向として
は，複数の法案を束ねて一括して提出するケースが多くなっている
といえます（「束ね法案」）。たとえば…

○働き方改革を推進するための関係法律の整備に関する法律案
　（2018年国会）
　　内容：労働施策総合推進法（旧・雇用対策法），労基法，安衛法，
　　　　パート労働法，労契法，労働者派遣法，労働時間等設定改
　　　　善法，じん肺法の改正
○女性の職業生活における活躍の推進に関する法律等の一部を改正
　する法律案（2019年国会）
　　内容：女性活躍推進法，労働施策総合推進法，男女雇用機会均等
　　　　法，育児・介護休業法の改正
○雇用保険法等の一部を改正する法律案（2020年国会）
　　内容：高年法，雇用保険法，労災保険法，労働施策総合推進法，
　　　　労働保険徴収法，特別会計法の改正

　法改正の目的からみて共通する法案をまとめて審議し，効率化・
迅速化を図るという趣旨によるものですが，提出された法案の名称
だけでは内容を把握しにくいのは確かです。
　また，個別の法改正について審議が尽くされていないと思われる
場合でも，最終的には一括して採決されてしまうという面もありま
す。そのような場合には，衆議院，参議院それぞれの委員会におい
て，法制化に際して留意すべき点などが「附帯決議」の形で公式に
残されることがあります。そこで指摘された事項は，改正法の施行
にあたって策定される省令・指針等の審議に反映されることも多
く，「附帯決議」は重要な意味を持っています。

with コロナのリスクマネジメント

【ダイジェスト】当面は with コロナが人事・労務の前提とならざるを得
ない。従業員の感染、職場での感染拡大を防止するための基本を確
認しておこう。また、実際に自社でコロナ感染が発生した際には、社内
外のコミュニケーションが重要となる。事前に準備しておきたい。

MEMO

見直しておきたい！
新型コロナ拡大に備えた企業の対応

丸の内総合法律事務所　弁護士　**中野　明安**

1　従業員の感染防止に向けた対応

2　従業員が感染した場合の初動対応に向けた準備

3　感染拡大期の事業継続に向けた体制づくり

【ダイジェスト】ウィズコロナの時代には、感染防止策と事業継続を両立させる取組みが日常的なものとなる。あらゆる感染ルートが想定されるなか、もう一度、従業員の意識改革から組織体制の整備まで、「感染防止」「感染時の初動対応」「感染拡大防止」に向けた取組みの基本を整理し、自社の対応を見直しておきたい。従業員が感染した場合には、自宅待機や在宅勤務を求めることになるが、感染に至る経緯によって、休業手当等の法的な扱いは異なってくる。

　新型コロナウイルスの感染が拡大するなか，企業においては，事業活動による蔓延を防止することが，従業員の安全配慮のためと同時に社会的な使命として必要になる。一方，企業においては事業を継続するという観点も外すことのできない重要な要請である。

　そこで，感染防止策と事業継続のバランスをどのように調整するかが，企業における最大の検討項目となる。

1　従業員の感染防止に向けた対応

　企業における従業員の感染防止に向けた対応としては，具体的には以下の取組みが必要となる。

(1)　従業員個人の衛生習慣の指導の徹底

　企業が感染症の集団感染等を防ぐために最も重要な取組みは，従業員個々人の公衆衛生に対する意識を確立させること（衛生教育），そして企業における「体調不良の従業員は出社させない」こと（企業方針）の２点である。これらの取組みは，既存の労働安全衛生体制のなかでもすでに始められ，かつ効果が高い。

　新型コロナウイルスの主たる感染経路は飛沫感染および接触感染と考えられているので，手指衛生および咳エチケットなどの基本的衛生管理による感染症予防を行うことになるが，手指衛生の基本は水道水と石鹸による手洗いである。消毒液がなくても，手の表面に付着したウイルスを洗い流すことが重要である。

　また，従業員の健康状態のモニタリングも実施すべきである。発熱（37.5度以上）した場合は出勤させず，自宅待機とすることも有効である。さらに，発熱がなくても体調不良の兆候がみられる場合には，出勤をしないよう従業員に協力を求めることも大切である。

　一方で，従業員が社内で発熱した場合には，社内での感染を拡大させないよう，マスクを着用させてそのまま帰宅させることが求められる。そし

て，発熱の原因のいかんを問わず，発熱した従業員が執務していたエリア，机・椅子を消毒する。消毒の目安は，従業員の机・椅子の半径２メートル程度の範囲，さらにトイレ等の使用も想定されるので，該当エリアの消毒も行う。

企業の集団感染を防ぐ重要ポイント
①衛生教育（従業員個々人の公衆衛生に対する意識を確立させる）
②企業方針（「体調不良の従業員は出社させない」）

---

(2)　事業所単位で対応ができる体制の構築

　新型コロナウイルスへの感染者が発生した場合，企業の本社，支店，また各事業所は，それぞれ事業所単位で所在する地方自治体の保健所などとの連絡，調整が必要となる。地方自治体は地域の実情に合わせた対応を行うため，企業も本社の対応とは別に，当該地方自治体に所在する事業所ごとに対応を調整する必要が出てくることとなる。したがって，各事業所において一定の対応をすることについて，権限を委譲しておくことが有用であろう。

　また，職場環境を改善することも重要である。職場の備品や不特定多数の人が触れるドアノブ，階段の手すり，エレベーターの操作盤などを定期的に消毒することは，接触感染予防としての効果が期待できるとされている。また，業務上，他人との接触機会を減らすことも必要である。

　催事や研修，イベント等については，人数の多寡，外部参加者（特に顧客）の有無，飲食提供の有無，開催場所の環境（広さ，人口密度，密閉性）等をポイントとして検討し，感染防止策を企業がコントロールできる状況か否かで開催の可否を判断するべきである。

　また，そのようなイベント等でなくても感染機会を低下させるために，人が集まる休憩室や食堂等の利用を制限したり，対面での業務を減らすこと，席の位置などで人と人との距離を２メートル以上に保つなど，社内環境や業務方法について工夫を行うことが求められる。

事業所単位での工夫
○地方自治体への対応のため，事業所に権限移譲
○職場環境の改善（感染機会を低下させる）
○業務方法の工夫
○催事，研修，イベント等の検討（コントロールできる状況か）

(3) 感染リスクが高い環境における対応

　不特定多数の人が集まる場所，公共交通機関（鉄道，バス，船舶等），汚染された場所の清掃など感染のリスクが高い環境においては，リスクに応じた対策を行うことが求められる。ここでは，インフルエンザ対策を参考に，飛沫感染と接触感染を想定した対策を実施することが望ましいと考えられる。一般的に飛沫は，咳や会話により1〜2メートル程度の範囲にまでしか到達しないため，感染者とはできるだけ距離をおくことが対策となる。また，行動範囲の消毒など，接触感染の予防策をあわせて行うことが重要である。

　なお，公共交通機関の関係者や集客事業の従業員は不特定多数の人と接することが避けられず，人混みや2メートル以内での対面接客を頻回に行うことなどが想定される。混み合った場所，特に屋内や乗り物などの換気が不十分な場所で，不織布製マスク（以下，マスク）を着用することは，1つの予防策と考えられている。しかし，マスクの表面にウイルスが付着している場合は，その部分に触れると手指は汚染されてしまうため，マスクの効果は限定されていることを認識すべきである。一方，感染リスクが高くない状況ではマスクを装着する必要性は低く，マスク不足を避けるためにも，咳エチケットのために確保しておくという考え方が重要である。

　清掃を行う事業者の従業員は，感染者からの体液，分泌物，排泄物等によって汚染された室内（車内，船舶内等も含む）の清掃を行うことなどが想定される。このような業務を行う場合，業務に際してウイルスが付着したほこりが舞い上がり，目，鼻，口などから体内に侵入する可能性がある

ため，状況に応じて手袋，マスク，ゴーグル，ガウン等の個人保護具の使用が求められる。

(4)　感染者（疑いのある者も含む）への対応

感染者およびその疑いのある者への対応については，さらに留意が求められる。有症状者がマスクを着用していても，咳により飛沫が周囲に飛散するリスクは避けられないので，より慎重な対応が求められる。

感染者の対応を繰り返し行う業務に携わる場合には，感染のリスクが高まるため，マスクをはじめとした保護具の使用が必要になる。その場合は，不織布マスクではなく，Ｎ95マスク（編注：感染源の捕集性や密着性が高いマスク）等の着用が望ましい。なお，Ｎ95マスクの利用に際しては，事前にフィットテストを行い，着脱方法を練習しておかないと，本来の性能を発揮できないので，その点の留意も必要である。

さらに問題は，鉄道やバス等の公共交通機関においては，不特定多数の人が触れる場所が多くある。公共交通機関の利用者は，接触感染を防止するため，こまめに，そして確実に手洗いや手指衛生を行うことが必要である。

2　従業員が感染した場合の初動対応に向けた準備

従業員が感染した場合の初動対応は，その後の企業内の集団感染を防止するための重要な取組みであることを強く認識すべきである。その点について，企業内での共通認識を形成することが求められる。

そして，感染者やその濃厚接触者については，自宅待機や在宅勤務を求めることが適切である。また流行時には，家族の看病が必要になったり，子どもの学校が休校となることから，出勤できない社員も予想される。それらの出勤できない社員の予想数についても，現時点から把握・確認しておくべきである。

(1) 従業員の自宅待機

　新型コロナウイルスの感染拡大防止のため，従業員自ら感染した場合，従業員の家族が感染した場合，従業員が感染の拡大している地域から帰国した場合のそれぞれにおいて，従業員を自宅待機させる際の留意点を，法的観点から検討していく。

1）従業員に対する自宅待機命令の可否

　労働契約上，使用者は従業員の労務を受領する義務はない（従業員の側からいえば，就労義務はあるが，就労請求権はない）と考えられているので，原則として，従業員の出社を拒絶することは可能と解される。

　それでは，出社の拒絶を超えて，「自宅で待機すべき」ということまで命じることができるのか。使用者の指揮命令権は，労務の提供と関係がない範囲には及ばないのが原則なので，労務提供と関係がない命令は出せない。よって，「自宅待機命令」とは，出社を拒絶するとともに，自宅で待機することを強制力のない形で勧告しているものと考えることになる。

　次に，会社が「自宅待機命令」を出したにもかかわらず，繁華街に繰り出して新型コロナウイルスに感染した人に対しては，懲戒処分等をなしえるのだろうか。

　「自宅待機」の命令（勧告）は強制力のある業務命令ではないので，業務命令違反にはならないと考えられる。しかし，従業員は，労働契約上の付随義務として，私生活においても労務の提供に支障が生じないよう，注意すべき義務などがあると解されるので，新型コロナウイルスの感染拡大期において，労務の提供に支障が生じないように健康保持に注意すべき義務があると考えられる。

> 従業員の自宅待機に関するポイント
> ○従業員の出社を拒絶することは可能
> ○労務提供と関係のない命令（自宅待機命令）は出せない
> ○自宅待機命令は強制のない勧告

○従業員には健康保持に注意すべき義務はある

上記「自宅待機命令」は自宅で待機することについて強制力まではないとしても，十分な感染予防策を取ることなく，繁華街に繰り出して新型コロナウイルスに感染し，会社に損害を与えたとすれば，上記健康保持義務に違反して会社に損害を与えたと判断する余地があるものと解される。

なお，就業規則に懲戒権行使の根拠がなければ，懲戒処分はできないので，たとえば，「故意または過失により会社に損害を与えたこと」等の懲戒事由が定められていることが必要となるので，仮にこのような懲戒事由規定がない場合には，速やかに定めておく必要がある。

さらに，念のため，就業規則上においても，就業時間の内外を問わず，会社の行う安全衛生・保健衛生の措置および指示に従うべきとの定めをするとともに，感染予防のための留意事項を改めて指示し，従業員に対して周知徹底しておくべきであろう。

2) 自宅待機中の従業員に対する賃金支払義務

労働契約では，労務の提供によって賃金請求権が発生する。とすれば，自宅待機中の従業員は，労務を提供していないため，賃金を支払う必要はないようにも思われる（ノーワーク・ノーペイの原則）。

しかし，このような場合においては，民法536条2項（危険負担）および労基法26条の適用の余地が問題となる。

民法536条2項によると，使用者は「債権者の責めに帰すべき事由」がある場合には，労務の提供がなくとも賃金を支払わなければならない。

労基法26条によると，使用者は「使用者の責に帰すべき事由」がある場合には，労務の提供がなくても平均賃金の60％以上を支払わなければならない。

民法536条2項の「債権者の責めに帰すべき事由」と労基法26条の「使用者の責に帰すべき事由」とは，同じような文言にみえるが，労基法26条の「使用者の責に帰すべき事由」のほうが広い意味であり，使用者側に起因する経営・管理上の障害も含むと解されている（**ノースウエスト航空事**

件・最二小判昭62.7.17）。

行政解釈でも，親工場の経営難のために，下請工場が資材・資金の獲得ができず，休業した場合には「使用者の責に帰すべき事由」があるものと解されている（昭23.6.11基収1998号）。

③ 新型コロナウイルスへの感染と自宅待機

以上を踏まえて，新型コロナウイルスへの感染に関して自宅待機となった場合の賃金について，検討してみる。

①本人が感染して自宅待機となった従業員

従業員本人が感染した場合には，当該従業員の労働能力の点だけでなく，職場における感染拡大の原因となる可能性が高いため，労務提供ができない状態であると解される。そして，当該従業員の感染が職務または職場と関係のない事由によるものである場合には，労務提供ができない状態になったことに「債権者の責めに帰すべき事由」も「使用者の責に帰すべき事由」もなく，賃金の支払いを行う必要もないものと解される。

ただし，職務または職場に関連して従業員が感染した場合（職場における感染など），使用者が感染拡大のために必要な措置を取っていなかった場合には，使用者に「債権者の責めに帰すべき事由」が認められ，賃金全額の支払いが必要となると解される。

②同居家族が感染して自宅待機となった従業員

同居家族が感染していたとしても，従業員自身が感染しているわけではない。よって，前述と同様に取り扱ってよいかどうかについては，慎重に考える必要がある。

同居家族が感染した場合については，そもそも，当該従業員自身が感染していないのであれば（あるいは，罹患のおそれが認められないのであれば），社会通念上，労務提供を受けることができない状態にあるかどうかが争われる可能性がある。

仮に，労務提供を受けることができない状態にあるとまでいえない場合

には，使用者側の事情に基づく自宅待機なので，「債権者の責めに帰すべき事由」および「使用者の責に帰すべき事由」が認められ，賃金全額の支払いが必要となると解される（仮に，就業規則で会社の求めに従うべきとの定めをしている場合には，「使用者の責に帰すべき事由」があるとして，休業手当の支払いが必要となる）。

ちなみに，検査の結果，本人において感染していることが明らかになった場合には，その後の賃金支払いは不要と考えられる。

③感染の拡大している地域から帰国して自宅待機となった従業員

たとえば，外務省による感染症危険情報が発出されるなどした，感染の拡大している地域から帰国した場合には，従業員が感染している可能性は，他の従業員と比較して高いものと考えられる。そのため，一定期間の自宅待機を求めることが適切とされている。

その際，当該地域に赴いたのが職務遂行のため（出張等）である場合には，「債権者の責めに帰すべき事由」および「使用者の責に帰すべき事由」が認められ，賃金全額の支払いが必要となると解される（仮に，就業規則で会社の求めに従うべきとの定めをしている場合には，「使用者の責に帰すべき事由」があるとして，平均賃金の60％の支払いが必要となる）。

当該地域に赴いたのが職務遂行とは関係のない場合（個人的な私的旅行等。なお，当該私的旅行等の実施の適否については，感染状況等によって場合分けはできるものと考えられるが，本稿では論じない）については，当該労働者自身が感染していないのであれば（あるいは，感染のおそれが認められないのであれば），社会通念上，労務提供を受けることができない状態にあるかどうかが論点となる。

ちなみに，自宅待機中に発熱等して，本人において感染していることが明らかになった場合には，その後の賃金支払いは不要と考えられる点は，上記と同様である。

(2)　感染者が出た場合の風評被害の防止に向けた準備

風評被害を回避するための最大の対策は，公表であると考えられる。的

確に企業内の状況を公表することにより，風評を防止することが大切である。

公表する際には，今後の対策をあわせて発表する。専門医や弁護士等の専門家と協議をしたうえで，公表していただきたい。

3　感染拡大期の事業継続に向けた体制づくり

(1)　状況に適した安全対策と事業経営の継続を両立させるために必要な処置一般

企業の法的対策として重要なポイントは，社員，取引先，顧客等に対する安全対策（安全配慮義務，労契法5条，民法415条）の遵守と事業の継続に関する注意義務（取締役等の善管注意義務，会社法330条，民法644条）の履行のいずれについても，対応が求められるという点である。

つまり，会社は，社員や利用客の安全対策は，当然のことながら十分に尽くさなければならないが，一方で，株主や社会的要請に応えるために，企業の重要事業については継続する，という観点も法的な義務として求められている。

したがって，適切な情報を収集することもなく，安易に事業を継続して安全対策を怠ることがあってはならない。その逆に，事業所閉鎖の実施など，事業継続を慎重に検討することもなく長期に業務を中断することも，企業としては取締役の善管注意義務に違反する，といった指摘を受けることとなりえる。

そこで，この方向性が異なるように思われる2つの法的な義務を適切に履行していくため，以下のような観点から，企業の対応を十分に検討しておく必要がある。

1)　重要業務の再検証

前述のとおり，今後も，新型コロナウイルスの国内外での持続的感染が認められる事態が続けば，企業内での蔓延を防止する必要性から，業務の

一時中断（自粛）を検討せざるを得なくなる。

その際には，中断すべき業務，継続すべき重要業務のいずれについても，当該業務の細分化の可能性を検証し，「直ちに中止」から「継続」までの数段階のランクづけを実施し，今後の状況の変化にきめ細かく対応できる体制を構築することが求められる。

2）顧客向けの対応と，説明すべき内容の準備・実施

企業は，顧客から，安全対策と業務の継続の両方の観点からの問合わせを受けることとなる。そこで，そのような事態を想定し，適切に対応等をできるかどうかについて，自社ホームページの活用を含めた広報体制を広報部署，ホームページ管理者らと確認することが重要となる。

あわせて，今後の業務の中止（延期）の可能性，継続業務の実施の予告等についても，検討することが重要である。急な業務中断は，それ自身でトラブルを招くことになるためである。

3）社員，取引先等に向けた対応と説明

企業は，社員や顧客等の安全に配慮するとともに，事業の持続的存続や社会的な要請に応じて事業を継続することを求められる。この難しい局面を的確に乗り切るためには，重要業務に携わる社員や労働組合，サプライチェーン等関連業者と，その確実な実施のための協力関係を適切に構築することが必須である。企業の対応を説明する機会などを設けることが適切である。

また，企業は，社員に対して，蔓延期における出勤に関する安全対策や時差出勤の対応などの実施を検討することが有益である。取引先等に対しては，ともに事業継続ができるために，感染予防マニュアルやマスク，手指消毒液などの提供など，感染防止対策に関する協力・支援を実施することが大切である。

4）産業医との連携

企業は，社員の安全配慮義務を尽くすため，産業医等から医学的な情報

提供や意見を求めるなど，専門的な支援を仰ぐことが重要である。

　自社の産業医との情報共有を推進し，それとともに，産業医に対して，社員の産業保健活動のほか，当該対策に関する協力体制を構築するように求めることが有益である。

5）自社の内部統制の確認

　企業は，これらの取組みを通じて，経営陣から従業員（産業医を含む）までのリスク対応に関する意思の疎通（内部統制）を確認し，不十分な点については適時に修正を実施していただきたい。

(2)　従業員が欠勤した場合への対応を組み込んだ事業継続計画（BCP）の策定

　感染予防対策は検討したものの，新型コロナウイルスのための事業継続計画（BCP）を策定していない企業には，従業員が一時期に大量欠勤する場合の対応を想定した事業継続計画を策定することが重要である。

　2011年3月の東日本大震災を経験したわが国の企業は，地震等の自然災害が自社の存続にかかわる最大のリスクであると認識していたと思うが，感染症等への備えも，リスク管理の観点からはきわめて重要なことと考えられる。

　また，事業継続計画策定後は，教育・訓練を通じて計画内容を従業員に周知し，理解させたうえで，その訓練結果を踏まえ，定期的に計画内容を見直す仕組みを構築することも重要となる。

〔『労務事情』2020年3月15日号掲載分を一部修正〕

プロフィール ---

中野明安（なかの・あきやす）　1991年第二東京弁護士会登録。丸の内総合法律事務所パートナー弁護士。災害総合支援機構副代表理事（現任）。災害復興まちづくり支援機構代表委員，日本弁護士連合会災害復興支援委員会委員長，東京都新型インフルエンザ等対策行動計画策定有識者会議委員等。著作に，『もうひとつの新型インフルエンザ対策』，『災害時の労務管理ハンドブック』（共著）等。

再確認!
企業の対応チェックリスト

社会保険労務士法人ＹＷＯＯ　代表　特定社会保険労務士　**渡辺　葉子**

1　「職場での対応チェックリスト」の特徴

2　「職場での対応チェックリスト」の活用法

　　◆職場での対応チェックリスト

【ダイジェスト】厚労省は2020年3月31日、経営者団体・労働団体あてに「職場における新型コロナウイルス感染症の拡大を防止するためのチェックリスト」を提示している。職場での感染防止から感染者の発生時、保健所対応まで、具体的な場面ごとに必要事項を整理した内容となっている。本稿では、このチェックリストを基に、より詳細な情報やあらかじめ実施しておくべき事項等を逐次追加し、より活用しやすくした「職場での対応チェックリスト」を作成した。

　新型コロナウイルス感染症の新規感染者数は全国的に急増しており，このままの状況が続けば医療提供体制等に重大な影響を生じるおそれがある。そのような状況下にあって，厚労省は，労使団体や業種別事業主団体などの経済団体に対し，職場における感染予防，健康管理の強化，テレワークの積極的な活用等を，傘下団体などに向け周知するよう協力を依頼した（2020年11月27日）。この協力依頼は，４月17日以降４回目となるもので，新型コロナウイルス感染症対策分科会での提案を踏まえたものとされている。

　すでに，厚労省からは2020年３月付け協力依頼の要請とともに，「職場における新型コロナウイルス感染症の拡大を防止するためのチェックリスト」（2020年３月31日版）を公表していたが，今回の再度の協力要請依頼に伴い，冬場における「密閉空間」を改善するための換気の方法にかかるチェック項目を追加するなどチェックリスト改訂版（2020年11月27日版）を公表し，これを活用することを提案している。

　以下では，公表された「新型コロナウイルス感染症の大規模な感染拡大防止に向けた職場における対応について（要請）（厚労省2020年11月27日付け）」にて公表されたチェックリストを基に，場面ごとにより詳細な情報やあらかじめ使用者がしておくべきことを逐次追加した「職場での対応チェックリスト」を紹介する。

1　「職場での対応チェックリスト」の特徴

　このチェックリストには，次のような特徴がある。

①職場内での感染防止を目的とする対応，風邪症状を呈する社員への対応，新型コロナウイルス感染症の陽性反応者が発生したときの対応等，具体的な場面ごとのチェックリストとなっている

②実際に新型コロナウイルス感染症の陽性反応者が出た場合の職場対応にとどまらず，将来のリスクを想定し，保健所対応としてあらかじめ事業者が準備しておくべき事項についても波及している

2 「職場での対応チェックリスト」の活用方法

このチェックリストは，次のような点に留意して活用されたい。

① 定期的にチェックする

時間がたつにつれ，緊張度に変化が生じたり，緊張感が緩んだりする。また，一度はクリアできた事項でも，その後もクリアし続けているとは限らない。

② 最新情報の収集を怠らず，常に，変化に応じた対応策を練る

新型コロナは未知の感染症であり，その情報は日々更新される。それに伴い，国等が推奨する対応策が見直されることもある。そのつど，新しい情報にバージョンアップしてご活用いただきたい。

③ 各部署で実施した結果を全社で情報共有し，より安全な職場環境を整備すべく管理体制を築く

PDCA方式が効果を上げることになる。各部署がチェック項目1つひとつに対してPDCAを実施すれば，より効果的な感染防止策を講じることができる。

同時に，各部署で実施したチェック結果を取りまとめの部署が把握することはもちろんだが，全社で情報を共有する。各部署が実施した対策の情報交換をすることにより，さらに，気づきや漏れが発見できることが多々ある。全社で社員の安全を図ることを目指す。

④各社員にも参加してもらい，個人ベースでの防止にも役立ててもらう

各部署の担当部署の手元にとどめるだけでなく，各社員にも必要とされる項目をピックアップしたチェックリストを配布し，定期的にチェックしてもらう。それによって，個人ベースでも感染拡大防止への意識を高めてもらうとともに，社員相互での安全意識を高めていく。その際，会社から社員へのメッセージも付け加えるとよいだろう。

プロフィール --

渡辺葉子（わたなべ・ようこ）　社会保険労務士法人YWOO 代表。特定社会保険労務士。上級個人情報保護士。日本年金学会正会員。損害保険業界，派遣業界勤務を経て，2006 年起業独立。連載・特集等，執筆多数。URL：http://www.ywoo.co.jp

職場での対応チェックリスト

※「新型コロナウイルス感染症の大規模な感染拡大防止に向けた職場における対応について（要請）（厚労省2020年11月27日付け）」を基に一部追加改訂

項　　　　目	チェック欄
A　感染予防のための体制	
① 事業場のトップが新型コロナウイルス感染症の拡大防止に積極的に取り組むことを表明し、労働者に対して感染予防を推進することの重要性を伝えているか	
② 事業場の感染症予防の責任者および担当者を任命しているか（衛生管理者，衛生推進者など）	
③ 会社の取組みやルールについて，労働者全員に周知を行っているか	
④ 労働者が感染予防の行動を取るように指導することを，管理監督者に教育しているか	
⑤ 安全衛生委員会，衛生委員会等の労使が集まる場において，新型コロナウイルス感染症の拡大防止をテーマとして取り上げ，事業場の実態を踏まえた，実現可能な対策を議論しているか	
⑥ 職場以外でも労働者が感染予防の行動を取るよう感染リスクが高まる「5つの場面」（飲酒を伴う懇親会等／大人数や長時間に及ぶ飲食／マスクなしでの会話／狭い空間での共同生活／居場所の切り替わり）や「新しい生活様式」の実践例について，労働者全員に周知を行っているか ＊「新しい生活様式」の実践例（厚生労働省） 　https://www.mhlw.go.jp/content/10900000/000641743.pdf	
⑦ 新型コロナウイルス接触確認アプリ（COCOA）を周知し，インストールを労働者に勧奨しているか	
B　感染防止のための基本的な対策	
（1）感染防止のための3つの基本：ⅰ身体的距離の確保，ⅱマスクの着用，ⅲ手洗い	
① 人との間隔は，できるだけ2m（最低1m）空けることを求めているか	
② 会話をする際は，可能な限り真正面を避けることを求めているか	
③ 外出時，屋内にいるときや会話をするときに，症状がなくてもマスクの着用を求めているか　※熱中症のリスクがある場合には，Fについても確認要	
④ 手洗いは30秒程度かけて水と石けんで丁寧に洗うことを求めているか（手指消毒薬の使用も可）	
⑤ 出社・帰社時，飲食前の手洗いや手指のアルコール消毒等を徹底しているか	
（2）3つの密の回避等の徹底	
① 3つの密（密集，密接，密閉）を回避する行動について全員に周知し，職場以外も含めて回避の徹底を求めているか	
② 外来者，顧客・取引先等に対し，感染防止措置への協力を要請しているか	
③ 外来者や顧客・取引先等との対面での接触は極力避けているか／接触がある場合は2m以上空けているか。困難な場合は，マスクを着用することを徹底しているか	
（3）日常的な健康状態の確認	
① 出勤前に体温を確認するよう全員に周知し，徹底を求めているか	

項　　　目	チェック欄
② 出社時等に，全員の日々の体調（発熱やだるさを含む風邪症状の有無，味覚や嗅覚の異常の有無等）を確認しているか	
③ 体調不良時には正直に申告しやすい雰囲気を醸成し，体調不良の訴えがあれば勤務させないこと，正直に申告し休むことで不利益な扱いにしないことを，職場で確認しているか	
④ ③の環境を整え，風邪症状や発熱があれば，上司等に逐次報告するように求めているか	
（4）一般的な健康確保措置	
① 長時間の時間外労働を避けるなど，疲労が蓄積しないように配慮しているか	
② 社員一人ひとりが十分な栄養摂取と睡眠の確保が取れるよう，業務遂行の環境を整え，アナウンスしているか。一人ひとりにも意識するよう周知しているか	
（5）「新しい生活様式」の実践例で示された『働き方の新しいスタイル』の取組状況について	
① 「テレワークやローテーション勤務」を取り入れているか ※テレワークに関する情報収集は「テレワーク総合ポータルサイト」参照 　　https://telework.mhlw.go.jp/	
② 「時差通勤でゆったりと」を取り入れているか	
③ オフィスの人口密度を減らした「オフィスはひろびろと」を取り入れているか	
④ 「会議はオンライン」を取り入れているか	
⑤ 「名刺交換はオンライン」を取り入れているか	
⑥ 「対面での打合せは換気とマスク」を取り入れているか	
（6）新型コロナウイルス感染症に対する情報の収集	
① 国，地方自治体や一般社団法人日本渡航医学会や公益社団法人日本産業衛生学会等の公益性の高い学術学会等のホームページ等を通じて最新の情報を収集しているか	
② 常に新しい情報を収集し，必要に応じて，社員に情報提供しているか	
C　感染防止のための具体的な対策	
（1）基本的な対策	
① ⅰ換気の悪い密閉空間，ⅱ多くの人が密集，ⅲ近距離での会話や発声の「3つの密」を同時に満たす行事等を行わないようにしているか	
② 上記「3つの密」が重ならなくても，リスクを低減させるため，できる限り「ゼロ密」を目指しているか	
（2）換気の悪い密閉空間の改善	
① 職場の建物が機械換気（空気調和設備，機械換気設備）の場合，建築物衛生法令の空気環境の基準が満たされているか（ただし，温度は18℃以上に維持することが望ましいこと）	
② 職場の建物の窓が開く場合，リーフレット「冬場における『換気の悪い密閉空間』を改善するための換気の方法」で推奨する方法により，居室の温度18℃以上かつ相対湿度40％以上を維持しつつ，窓を開けて適切に換気を行っているか（HEPAフィルタ付き空気清浄機の適切な活用を含む。） ★冬場における「換気の悪い密封空間」を改善するための換気の方法について 　　https://www.mhlw.go.jp/content/10906000/000698849.pdf 　　https://www.mhlw.go.jp/content/10906000/000698848.pdf	
③ 電車等の公共交通機関の利用に際し，窓開けに協力するよう全員に周知しているか	

項　　　目	チェック欄
（3）多くの人が密集する場所の改善	
① 業態に応じて可能な範囲で出勤を抑制するように努めているか	
② 電車やバス等での他人との密着を防ぐため，時差通勤，自転車通勤，自家用車通勤などの活用を図っているか	
③ テレビ会議やWeb会議の活用等により，人が集まる形での会議等をなるべく避けるようにしているか	
④ 対面での会議やミーティング等を行う場合は，マスクの着用を原則とし，人と人の間隔をできるだけ2m（最低1m），可能な限り真正面を避けるようにしているか	
⑤ 接客業等において，人と人が近距離で対面することが避けられない場所は，労働者にマスクを着用させ，人と人の間にアクリル板，不燃性透明ビニールカーテンなどで遮蔽するようにしているか	
⑥ 職場外（バスの移動等）でもマスクの着用や，換気，人との間隔を取る等，3つの密を回避するよう努めることとしているか	
⑦ 通勤時・外勤時で電車・バス・タクシー等を利用する際は，不必要な会話等を控えるように注意喚起し周知しているか	
（4）接触感染の防止について	
① 物品・機器等（例：電話，パソコン，デスク等）や治具・工具などについては，複数人での共用をできる限り回避しているか。共用する場合には使用前後での手洗いや手指消毒を徹底しているか	
② 自由に着席場所を選んで仕事を行うフリーアドレスを導入する場合には，使用前後での消毒，十分な座席間隔の確保，利用状況の記録等を実施することとしているか	
③ 事業所内で複数の労働者が触れることがある物品，機器，治具・工具等について，こまめにアルコール（容量％で60％以上）や界面活性剤や次亜塩素酸ナトリウム0.05％水溶液による清拭消毒を実施することとしているか。 ※人がいる環境に，消毒や除菌効果を謳う商品を空間噴霧して使用することは，眼，皮膚への付着や吸入による健康影響のおそれがあることから推奨されていません。	
（5）近距離での会話や発声の抑制	
① 職場では，同僚を含む他人と会話する際には，大きな声を出さずに距離をなるべく保持するようにしているか	
② 外来者，顧客，取引先との対面での接触や近距離での会話をなるべく避けるようにしているか	
③ どうしてもマスクなしで1m以内で会話する必要がある場合は，15分以内にとどめるようにしているか	
④ 粉じんや化学物質など，呼吸用保護マスクを装着する必要がある作業では，声で合図連絡する場合にはマスクを外さないように周知しているか。拡声器使用や伝声板付きのマスク採用が望ましい	
（6）共用トイレの清掃等について	
① 不特定多数が接触する場所は，清拭消毒を行うこととしているか	
② トイレの床や壁は次亜塩素酸ナトリウム0.1％水溶液で手袋を用いて清拭消毒しているか	

項　　目	チェック欄
③ トイレの蓋を閉めて汚物を流すように表示しているか（便器内は通常の清掃でよい）	
④ ペーパータオルを設置するか，個人ごとにタオルを準備しているか	
⑤ ハンドドライヤーは止め，共用のタオルを禁止しているか	
⑥ 石けんでこまめに手洗いをするよう周知徹底しているか，洗面台・トイレなどに手洗いの実施について掲示をしているか	
（7）休憩スペース等の利用について	
① （交代・時間差などにより）一度に休憩する人数を減らし，対面で食事や会話を控え，長居しないようにしているか	
② 休憩スペースは常時換気することに努めているか	
③ 休憩スペースの共有する物品（テーブル，いす，自販機ボタン等）は，定期的に消毒をしているか	
④ 休憩スペースへの入退室の前後に手洗いまたは手指の消毒をさせているか	
⑤ 社員食堂での感染防止のため，座席数を減らす，座る位置を制限している，マスクを外したままの談笑を控えるよう注意喚起している，昼休み等の休憩時間に幅を持たせている，などの工夫をしているか	
⑥ 社員食堂では感染防止のため，トングやポットなどの共用を避けているか	
⑦ 喫煙所では同時に利用する人数に制限を設け，手指消毒後に十分乾いてから喫煙するよう指導し，会話をせず喫煙後は速やかに立ち退くことを，利用者に周知，徹底しているか	
⑧ その他の共有の施設について，密閉，密集，密接とならないよう利用方法について検討しているか	
（8）ゴミの廃棄について	
① 鼻水，唾液などが付いたゴミ（飲用後の紙コップ，ビン，缶，ペットボトルなどを含む）は，ビニール袋に入れて密閉して廃棄することとしているか	
② ゴミを回収する人は，マスク，手袋，保護メガネを着用することとし，作業後は必ず石けんと流水で手洗いをすることとしているか	
D　配慮が必要な労働者への対応等	
① 風邪症状等が出た場合は，「出勤しない・させない」の徹底と，かかりつけ医等の地域で身近な医療機関への電話相談を求めているか	
② 風邪症状等で休業を命ずる場合の賃金の扱いについて，あらかじめ労使で話し合い，決定し，周知しているか	
③ 風邪症状等で自宅待機などを命じた社員に対し，外出を自粛するように勧奨しているか	
④ 風邪症状等が出た社員が医療機関を受診するため等やむを得ず外出する場合は，公共交通機関の利用を極力避けるように注意喚起しているか	
⑤ 高齢者や基礎疾患（糖尿病，心不全，慢性呼吸器疾患，慢性腎臓病，高血圧症，がんなど）を有する者などの重症化リスク因子を持つ労働者および妊娠している労働者に対しては，本人の申出および産業医等の意見を踏まえ，感染予防のための就業上の配慮（テレワークや時差出勤）を行っているか	
⑥ 特に妊娠中の女性労働者が，医師または助産師からの指導内容について「母健連絡カード」等で申し出た場合，産業医等の意見も勘案のうえ，作業の制限または出勤の制限（在宅勤務または休業をいう。）の措置を行っているか	

項　　目	チェック欄
⑦ テレワークを行う場合は，業務とプライベートの切り分けに留意し，上司や同僚とのコミュニケーション方法を検討し，在宅勤務の特性も理解したうえで，運動不足や睡眠リズムの乱れやメンタルヘルスの問題が顕在化しやすいことを念頭において就業させているか	
⑧ （日本の労働慣習や日本語に習熟していない場合や，出身国・出身地域により文化や生活習慣が大きく異なる場合もあり，）外国人労働者には労働者一人ひとりの状況に応じた配慮のある対応をしているか。 ※「職場における新型コロナウイルス感染症の拡大を防止するためのチェックリスト」は10カ国語に翻訳されています。 　　https://www.mhlw.go.jp/stf/seisakunitsuite/bunya/koyou_roudou/koyou_jigyounushi/page11_00001.html	
E　新型コロナウイルスの陽性者や濃厚接触者（以下，陽性者等）が出た場合等の対応	
（1）陽性者等に対する不利益取扱い，差別禁止の明確化	
① 新型コロナウイルスの陽性者等であると判明しても，解雇その他の不利益な取扱いを受けないことおよび差別的な取扱いを禁止することを全員に周知し，徹底を求めているか	
（2）陽性者等が出た場合の対応	
① 新型コロナウイルスに陽性であると判明した場合は，速やかに事業場に電話，メール等により連絡することを全員に周知し，徹底を求めているか	
② 新型コロナウイルスに陽性であると判明した第三者との濃厚接触があり，保健所から自宅待機の措置を要請された場合は，速やかに事業場に電話，メール等により連絡することを全員に周知し，徹底を求めているか	
③ 新型コロナウイルスに陽性であるとの報告を受け付ける事業場内の部署（担当者）を決め，全員に周知しているか。また，こうした情報を取り扱う部署（担当者）の取扱範囲とプライバシー保護のルールを決め，全員に周知しているか	
④ 新型コロナウイルスに陽性である者と濃厚接触した者が職場内にいた場合にどのような対応をするかをルール化し，全員に周知しているか	
⑤ 新型コロナウイルス感染症の陽性者等が出た場合の，濃厚接触者および非濃厚接触者の休業（出勤停止（テレワークの指示を含む）・交代勤務体制など）や賃金の扱いについて，あらかじめルール化して，全員に周知しているか	
⑥ 職場の消毒等が必要になった場合の対応について事前に検討を行っているか（できれば，消毒業者を調べ決めておくことが望ましい）	
⑦ 新型コロナウイルス感染症の陽性者等（陽性者および濃厚接触者）が発生した場合の対応ルールができているか ※G　「その他，会社があらかじめしておくこと」を参照	
⑧ 管轄保健所を確認し，連絡先を控えてあるか	
（3）その他の対応	
① 濃厚接触者への対応等，必要な相談を受け付けてくれる「保健所」，「帰国者・接触者相談センター」等を確認してあるか	
② 事業場内の診療・保健施設で体調不良者を受け入れる場合は，事業場内での感染拡大の原因となる可能性があることに留意し，医療従事者は標準予防策を遵守し，適切な感染予防体制（受診者のマスク着用，待合や動線を分ける，受診者が一定の距離を保てるよう配慮するなど）を実行しているか	

※以下，「F熱中症の予防」「Gその他，会社があらかじめしておくべきこと等」は略（ホームページを参照（270－271頁））

知っておきたい
リスクコミュニケーション

㈲エンカツ社　代表取締役社長　**宇於崎　裕美**

1　従業員との信頼関係の強化

2　感染防止対策の広報のあり方

3　感染者への偏見・差別がうまれるわけ

4　偏見・差別解消のためのコミュニケーション

【ダイジェスト】コロナ禍では従業員との信頼関係を強化するための積極的なコミュニケーションが必要である。感染防止対策を講じているのなら、社外にも広く伝えれば、「従業員を大切にしている会社」というイメージ向上にも役立つ。社内での感染者や濃厚接触者への差別・偏見を解消するためには、医師等専門家による社内研修、体験談の共有、経営トップや人事部による差別禁止の宣言、差別による「負のメカニズム」の周知を柱としたコミュニケーションが求められる。

1　従業員との信頼関係の強化

　いま，すべての企業は新型コロナウイルス感染予防ならびにクラスター
発生防止のための努力を続けている。また，売上げ回復策や風評被害対策
にも乗り出している。このような状況下で人事部門が注意しなくてはなら
ないことは多岐にわたる。感染者や濃厚接触者となった従業員の休業支
援，現場のマンパワー不足のサポートはもちろんのこと，職場での感染リ
スクや雇用維持についての説明責任，テレワークの導入，在宅勤務に対す
る支援，さらには感染者や濃厚接触者が職場復帰したときの偏見，差別の
防止など数え上げたらきりがない。

　企業にとっては，第2波，第3波そしてアフター・コロナの時代がきて
も，従業員との絆を深め信頼関係を維持し続けることは重要な課題であ
る。コロナ禍をきっかけに従業員の信頼を失い，辞められてしまっては経
営再建ができなくなってしまう。

　従業員との信頼関係を強化するには，積極的なコミュニケーションを図
る必要がある。「元気にやってますか？」とまめに声をかけて回るような，
"心がけ"の問題だけではない。業務の一環として，綿密なコミュニケー
ション戦略を立て地道に実行していくことが大切である。

　社外へのコミュニケーションは広報部門が，取引先とのやりとりは営業
部門がメインで行うが，これらは人事部門の課題でもある。広報や営業活
動がスムーズに機能しないと，社外での評判や業績が悪くなり，従業員の
士気も下がる。逆に，うまくいって世間がその企業を応援してくれれば，
従業員の満足度も高まり，業務も円滑に回っていくことだろう。

2　感染防止対策の広報のあり方

　従業員のために新型コロナウイルス感染防止策を立てて実行しているの

　ならば，それを従業員に伝えるだけではなく，社外にも広く伝えると企業イメージ向上に役立つ。「従業員を大切にしている会社」は世間からも高く評価される。

　人事部門としては，従業員に対する安全管理はあたり前だろう。よって，「内部でやっているあたり前のことを世間に知らせる意味はあるのか？」と幹部は謙虚に考えるかもしれない。しかし，自分たちではあたり前のことが，社外ではまったく知られていないということは多いものである。もともと日本は，あたり前のことを言葉にして表現するような文化ではなかった。しかし，それはもったいないことだ。従業員を大切に扱っているのならば，それを社内外に表明することは企業広報活動にとっても重要である。

　従業員の安心・安全を願うのはどの企業も同じだろうが，多くの日本企業はいまひとつ表現が控えめすぎて“愛”が感じられない。筆者は，新型コロナウイルス対策についての各社の発表文書を見比べてみた。どれもよくまとまっているが，表現はビジネスライクで個性がない。

　「弊社では，新型コロナウイルスの感染拡大防止の観点から，お客様，従業員，関係先等の皆様の安全・安心を第一に考え，政府指導に基づいた対応を実施してまいります」「お客様と従業員の安心を第一に以下のような取組みを実施しております」というように，定型文そのままの場合がほとんどである。公式な発表文書は正確であることが何より大切なので，定型文をつなげてそつなく仕上げればいいように思うかもしれない。しかし，せっかく世間に企業姿勢を示すチャンスでもあるわけだから，社内外の読み手を意識してより大きな広報効果をねらってもいいのではないだろうか。

　そもそも広報とは，パブリック・リレーションズ，つまり，“社会との関係づくり”のことを指す。単にものごとを伝えればよいというわけではない。自分たちが発信した情報が，受け手にどうとらえられるのか推測することがまず必要である。さらに，その先，社会との関係がどうなってほしいのか，目的意識を持つべきである。「新型コロナウイルス対策でこんなにがんばっています」と発表するのなら，受け手である顧客や従業員な

どステークホルダー（利害関係者）から，「私たちもいっしょにがんばろう」と共感してもらったほうがいいはずである。ここはひとつ，文書を工夫してみてはいかがだろうか。

3　感染者への偏見・差別がうまれるわけ

医療従事者が新型コロナウイルスをめぐって世間の偏見や差別に苦しんでいる例については数多く報道された。一般の企業でも，感染者や濃厚接触者だった従業員が職場で白い目でみられ，いたたまれず辞職に追い込まれたり，家族の感染をひた隠しにしていたりと苦しい立場に追い込まれている。こんなふうに従業員が安心して働けないことは，企業にとっては大変な損失である。また，偏見・差別が横行する職場では，従業員が体調不良について監督者に正直に申し出なくなるおそれがある。そうなると水面下で感染がひろがり，結果的に社内でクラスターが発生する事態にもなりかねない。

新型コロナウイルスに限らず，今後もなんらかの感染症が流行する可能性はある。よって，人事部門としては，従業員満足度を高め生産性を上げるために，そして将来のリスクに備えるためにも，社内での偏見や差別を撲滅し予防策をとることが重要課題となってくる。

そもそもなぜ，人は差別をするのだろうか。その心理メカニズムについて，保育の安全研究・教育センターの掛札逸美氏（心理学博士，社会／健康心理学）は次のように語っている。

「生きものは『仲間』と『仲間じゃない』を分けます。人間もそうです。そのとき，人間は『恐怖』や『不安』というものを基本に線引きをします。『共感』とか『共通理解』による線引きもあり得るのですが，生きもの的には恐怖や不安が優先。社会心理学では，これを"in-group out-group"と呼んでいます。『私たち＝in-group』と『やつら＝out-group』です。このとき『私たち』を定義する必要はなく恐怖や不安を基にして『やつら』を規定すれば，『私たち』を自動的に強化できる。差別というの

感染症に立ち向かうコミュニケーション５つのチェックポイント

- ☐　感染防止対策について積極的に広報しているか
- ☐　従業員のために何をするのか，社内だけではなく，社外にも告知しているか
- ☐　新型コロナウイルスについての従業員教育・啓発活動を行っているか
- ☐　感染者や濃厚接触者への差別的行為を禁止しているか
- ☐　日ごろから従業員とのコミュニケーションに力を入れているか

資料出所：筆者作成

は，恐怖をなだめるために『私たち』というin-groupを強めたいという動機づけから，out-groupを作り出すことです。いまは新型コロナウイルスという恐怖があります。その恐怖心をなだめるために無意識に『感染者＝やつら』などのout-groupを作って，それとは違う『私たち』という意識を強めて安心したいのです」（筆者からの問いかけに対する掛札氏の2020年5月11日付けメール回答を要約）

つまり，新型コロナウイルス禍とそれによってもたらされた生活への不安から，感染者や濃厚接触者となった従業員を仲間はずれにして，いっときの安心を得ようするのである。従業員全体が前向きな仲間意識を持ち結束するのならば企業の強みとなるが，不安から他者を排除しようとする後ろ向きの仲間意識がはびこると，組織分断を引き起こし，企業は弱体化してしまう。

人間は生きものなので，どうしても「仲間」と「仲間じゃない」を分けようとする。このこと自体は本能に由来することなので，押さえつけることは難しい。問題は，「仲間」と「仲間じゃない」の境界線を，「新型コロナウイルスへの感染あるいはその可能性の有無」におくことなのである。

よって，コロナいじめや差別をなくすためには，「感染者も濃厚接触者も同じ仲間なのだ」という意識が社内で醸成されればよいはずである。それは「人類皆兄弟，世界に愛を」といった倫理的なスローガンだけでは実

現しない。倫理観というのは本能とは別次元だからである。倫理観に訴えるのではなく，「そうだ！私たちは同じ企業で働く仲間なんだ」と従業員の"腑に落ちる"，納得感のあるコミュニケーションを図ることが必要となってくる。

4　偏見・差別解消のためのコミュニケーション

その具体的な方法として，以下の4つを提案したい。

〈提案1：研修①〉
医師等専門家による科学的アプローチ：元・感染者や元・濃厚接触者を差別する"科学的な理由はない"ことを明示し，従業員の知識レベルを底上げする

　医師や感染症専門家による社内研修により，科学的な知識についての啓発活動がまず必要である。すでに従業員は皆，テレビやネット等を通じて新型コロナウイルスについての情報を得ている。しかし，それぞれの知識には偏りがある。限られた情報源からもともとの自分の価値観に合った情報だけをすくい取っていることが考えられる。なかには，流言やデマを信じ込み，偏見を持っている人もいるかもしれない。

　そこで，改めて人事部で「正しい知識」の普及に努めていただきたい。伝えるべきメッセージは「どんなに防いでも感染リスクは存在する。だれしも感染する可能性はある。一方で，職場復帰した元・感染者や元・濃厚接触者が他人に感染させるリスクは低い。よって，むやみに避ける必要はない」ということである。

　「そんなことはテレビやネットで見てもう知っている」と言う人はいると思うが，無機質なメディアをとおして知る情報と生身の人間の口から聞くのとでは大違いだ。音楽の演奏をネットの動画サイトで見るのと，コンサートホールでの生演奏を聴くのを比べていただきたい。生のほうがずっと感動的で印象深い。また，研修で専門家と直接やりとりで

きれば，個々人が抱いている疑問や不安がその場で解消されるというメリットもある。

〈提案２：研修②〉
体験者による感情へのアプローチ：感染者・濃厚接触者への共感や同情を醸成する

フリーアナウンサーの赤江珠緒氏が2020年４月，新型コロナウイルスに感染したことは周知のとおりである。彼女は「世の中の人々に広く知ってほしい」との願いから自身の罹患体験を，ラジオをとおして公表した。その勇気が賞賛されたのはもちろんのこと，罹患中の子育ての苦労や病院スタッフの献身的な努力など，日ごろ報道されない実情を詳細に報告した功績は高く評価された。実際，共感を覚えた人も多いと思う。体験談は心に強く響く。「感染した人も，自分たちと同じように悩んだり，苦しんだりしているのだ」と知ることは，前向きな仲間意識を醸成するためにはとても有効である。

赤江氏のような語り部となってくれる人が身近にいれば，その人を講師に招くのが理想的である。そのような人がみつからない場合は，改めて赤江氏の治療体験記（ネットで公開中）を従業員に読んでもらうという方法もある。

〈提案３：会社の方針表明〉
人事部・経営陣により差別を禁止する

人事部や経営陣がきっぱりと差別を禁止し，それを宣言することも重要である。どの企業も日ごろから人権教育は行っているだろうが，それがあたり前となっていて形骸化している可能性がある。それゆえ，このタイミングで改めて「新型コロナウイルスに起因する従業員の差別を禁じる。これは会社の方針である」と，経営トップや人事部から正式に毅然とした態度で従業員に告知していただきたい。

差別的行為は会社の方針に対する「違反行為」である，という認識を従業員に持ってもらおう。

〈提案4：理屈の説明〉
差別がもたらす不利益を具体的に示す

　　自分が差別的行為を行うと自分が不利益を被る「負のメカニズム」について，具体的に伝えよう。「医療従事者が差別されて嫌気がさして病院を辞めてしまったら，いざというときあなたが病院に行っても助けてもらえませんよ」というメッセージをよく聞く。企業に置き換えれば，「社内の元・感染者や元・濃厚接触者を差別していると，業務が滞り業績が落ちてあなたの給料やボーナスが減りますよ。会社が倒産すればあなたが職を失ってしまいますよ」となるだろう。

　　こんなことは少し考えればすぐにわかることだが，不安にかられると，人は往々にして感情が先走り理屈を忘れてしまう。よって，人事部や経営幹部が「差別＝損」という理屈を説明することはとても重要である。

筆者は数年前から，「コミュニケーションはフィギュアスケートに似ている」と唱えている。ご存じのとおり，フィギュアスケートの採点は，技術点＋演技構成点からなる。そこからルール違反などを減点して得点が決まる。4回転ジャンプができても曲に合っていなかったり，コスチュームは美しいのに何度も転んだりしていては，優勝できない。卓越した技術と人々に感動を与える演技構成の両方がそろわないといけないのである。

　　コミュニケーションも「科学的な根拠」を正確に解説する技術点と，「共感の醸成」あるいは「不利益回避という目的の共有」というような人々の感情に訴える演技構成点の両方があってこそうまくいく。

　　これまでに示したような研修の実施や，企業の姿勢を明確に示すことにより，従業員が科学的な知識を理解し，前向きな仲間意識や同情を感じることで，コミュニケーションの効果は高まる。結果として，企業と従業員そして従業員同士の信頼関係が強化され，生産性も上がることだろう。

　　最後に，新型コロナウイルス禍に立ち向かうためコミュニケーションの

5つのチェックポイントを記した（261頁）。皆さまの状況についての気づきや改善に役立てていただきたい。

〔『人事実務』2020年7月号掲載記事の抜粋〕

プロフィール

宇於崎裕美（うおざき・ひろみ）　横浜国立大学工学部卒。リクルート，電通バーソン・マーステラ等勤務を経て有限会社エンカツ社設立。横浜国立大学非常勤講師。東京消防庁広報公聴アドバイザー。失敗学会理事。安全工学会会員。著書に『リスクコミュニケーションの現場と実践』『クライシス・コミュニケーションの考え方，その理論と実践』

ホームページとの連動のご案内

下記の記事内★マークの資料，一部の記事については，閲覧・ダウンロードが可能です。

このURL(QRコード)にアクセスしてください。情報更新は随時行います。

https://www.e-sanro.net/data/7836/

▷資料

分類	番号	資料名	掲載ページ
高年齢者雇用	1	高年齢者就業確保措置の実施および運用に関する指針（令2.10.30厚労告351号）	35頁
有期雇用	2	短時間・有期雇用労働者および派遣労働者に対する不合理な待遇の禁止等に関する指針（同一労働同一賃金ガイドライン）（平30.12.28厚労告430号）	42頁，133頁
子の看護休暇・介護休暇	3	子の看護休暇・介護休暇の時間単位での取得に関する Q&A	39頁
労働時間	4	労働時間の適正な把握のために使用者が講ずべき措置に関するガイドライン（2017年1月20日策定）	165頁
	5	情報通信技術を利用した事業場外勤務の適切な導入および実施のためのガイドライン（2018年2月22日策定）	176頁
ハラスメント	6	事業主が職場における優越的な関係を背景とした言動に起因する問題に関して雇用管理上講ずべき措置等についての指針（令和2年厚労告5号）	45頁
	7	職場のパワーハラスメント防止対策についての検討会報告書（2018年3月30日公表）	219頁
	8	事業主が職場における優越的な関係を背景とした言動に起因する問題に関して雇用管理上講ずべき措置等についての指針（令2.1.15厚労告5号）（※6と同じ）	220頁
メンタル	9	心理的負荷による精神障害の認定基準の改正について（令2.5.29基発0529第1号）	48頁

分類	番号	資料名	掲載ページ
雇用	10	報告書～働く人が AI 等の新技術を主体的に活かし，豊かな将来を実現するために～（厚労省労政審労働政策基本部会）（2019年9月11日公表）	210頁
	11	雇用類似の働き方に関する検討会報告書（2018年3月30日公表）	211頁
	12	雇用類似の働き方に係る論点整理等に関する検討会「中間整理」（2019年6月28日公表）	211頁
兼業・副業	13	副業・兼業の促進に関するガイドライン（改定版）（令2.9.1基発0901第4号別添）（2018年1月策定，2020年9月改定）	47頁, 198頁
	14	副業・兼業に関する企業ヒアリング結果について（厚労省「第3回　副業・兼業の場合の労働時間管理の在り方に関する検討会」〈2018年11月21日〉資料）	196頁
	15	副業・兼業に関する届出様式例（厚労省）	198頁
	16	管理モデル導入（通知）様式例（厚労省）	198頁
	17	副業・兼業に関する合意書様式例（厚労省）	198頁
	18	副業・兼業の場合における労働時間管理に係る労働基準法第38条第1項の解釈等について（令2.9.1基発0901第3号）	198頁
新型コロナ	19	新型コロナウイルス感染症の労災補償における取扱いについて（令2.4.28基補発0428第1号）	50頁
	20	新型コロナウイルスに関するQ&A（企業の方向け）	51頁
全般	21	モデル就業規則（厚労省労働基準局監督課）	196頁

◆本書記事

記号	タイトル名	掲載ページ
A	就業規則変更の際のチェックポイント（高仲幸雄氏）	88頁
B	在宅勤務規定例（川久保皆実氏）	157頁
C	副業・兼業許可申請書（小鍛冶広道氏）	206頁
D	職場での対応チェックリスト（渡辺葉子氏）	256頁

人事・労務の手帖 2021年版

2021年2月16日　第1版　第1刷発行

定価はカバーに表
示してあります。

編　者　産労総合研究所

発行者　平　　　盛之

発行所　　㈱産労総合研究所
　　　　出版部 経 営 書 院
　　　　〒100－0014
　　　　東京都千代田区永田町1―11―1　三宅坂ビル
　　　　電話03-5860-9799　振替00180-0-11361

ISBN978-4-86326-308-6